Lilli Lička, Anna Laura Jeschke

Gartenräume gestalten

Lilli Lička, Anna Laura Jeschke

Gartenräume gestalten

104 Fotos
48 Zeichnungen und Grafiken

Gartenporträts 104/105

Wissenswertes 6/7

Danksagung

Die Autorinnen bedanken sich bei den
auskunftsbereiten Kolleginnen und
Kollegen, vor allem auch bei denjenigen,
die uns unterstützt und Einblick in ihre
Gartenräume gewährt haben.

„Im Reich zwischen Gefühl und Wissen scheint mir der Garten
unerschöpflich"[1]

[1] Catherine Mosbach, in: Girot (2005), S. 69

Grüne Wohnräume gestalten

„Jeder begabte Gärtner, der den Boden versteht, ist in der Lage, ein Staudenbeet zusammenzustellen, jeder mit künstlerischer Begabung kann inszenieren und Objekte verteilen, dass sie eine Freude für das Auge sind. Räume bilden, die für alle Zeiten wirken, können nur wenige.“ [2]

[2] Heidy Howcroft (2004), S. 29

„Design kann kein Konzept ersetzen"

(Roland Rainer)

Gärten sind lebendige Räume. Sie beginnen erst wirklich zu entstehen, nachdem sie angelegt sind. Schmuck, Fülle und Raumwirkung der Pflanzen entfalten sich über die Jahre hinweg. Umso wichtiger sind langfristig vorausschauende Konzeption und Planung. Gestalten heißt entscheiden. Um Entscheidungen treffen zu können, müssen zunächst die richtigen Fragen gestellt werden. Fragen, die

tiefer gehen als jene nach geschmacklichen Vorlieben. Wir haben alle unterschiedliche Alltagsentwürfe. Tagesabläufe ändern sich mit den Lebensphasen. So ist auch die Funktion des Gartens genauer zu hinterfragen als das momentane Wunschbild – sei es, in der Wiese zu liegen und die Seele baumeln zu lassen oder mit wilder Entschlossenheit intensiver gärtnerischer Arbeit nachzugehen.

Viele Fragen, die hier gestellt werden, sind weniger augenfällig als die Auswahl einer Kletterrose mit einer bestimmten Blütenfarbe. Bücher zum Garten sind zahlreich. Berühmte Gärtner, Pflanzenzüchter, Gartenkünstler und Landschaftsarchitekten haben sie verfasst. In letzter Zeit sind Ratgeber zur Blütenfülle und Gemüseproduktion im Hausgarten regelrecht „ins Kraut geschossen". Das Thema Garten ist allerdings so facettenreich, dass sich die ratgebenden Werke immer weiter zu spezialisieren scheinen.

Die gesamtheitliche Gartenkultur, also die Behandlung der Gärten, die Teil der kulturellen Äußerung unserer Gesellschaft ist, nimmt bei den Gartenbüchern einen geringen Stellenwert ein. Ausgefallene, raffinierte, praktische, punktuelle Lösungen stehen gegenüber dem Gesamtkonzept im Vordergrund.

In diesem Buch über „Gartenräume" soll allen, die Gärten besitzen, Einblick in die Kunst des Entwerfens grüner Räume gegeben werden. Während für professionelle Landschaftsarchitektinnen und -architekten räumliche Grundsatzüberlegungen und gestalterische Konzeption zum Handwerkszeug gehören, sind sie für andere nicht von vornherein verständlich. Das Buch soll anregen, sich qualifiziert mit Gestaltung auseinander zu setzen und somit eine Hilfestellung für die Kommunikation zwischen Fachleuten und Laien bieten. Das räumliche Verständnis wird erläutert und ein Einblick in den Planungsprozess gegeben, wodurch die Arbeitsphasen bei der Gartengestaltung nachvollziehbar werden. Natürlich sind auch Anregungen und Ideen für den eigenen Garten zu finden. Die Fülle an Ideen ist jedoch für die Gartenqualität nicht ausschlaggebend, viel wichtiger ist die Abstimmung der Ideen aufeinander, das Einfügen in ein räumliches Ganzes, die gartenkünstlerische Gesamtkonzeption.

Durch die Pflanzung von roten Wildtulpen entsteht ein temporärer Blumengarten auf den ehemaligen Bahngleisen vor dem Planungsbüro von Rotzler, Krebs & Partner.

Ein Essplatz erschließt im Sommer einen weiteren Wohnraum dieses minimalistisch gestalteten Gartens.

Ansprüche ändern sich

Gärten sind nicht zwingend kostspielige Anlagen, der Aufwand für Herstellung und Pflege wurden und werden jedoch nach wie vor unterschätzt. Bereits 1907 schreibt der Gartenarchitekt und spätere Kölner Gartendirektor Fritz Encke in seinem Büchlein „Der Hausgarten": „Dass ein Haus zu bauen Geld kostet, weiß jedermann; dass ein Garten zu seiner Herstellung auch Geld kostet, scheint vielen Leuten neu zu sein." Das liegt unter anderem daran, dass man „viele recht kostspielige Arbeiten der Gartenanlage, die durchaus notwendig sind," später gar nicht mehr sieht. „Das Geld wird gewissermaßen in die Erde gesteckt." Umso wichtiger ist die gründliche Beschäftigung mit der räumlich optimalen Lösung, der richtigen Pflanzen- und Materialwahl nach einem wohlüberlegten Gestaltungskonzept. Das Grundgerüst des Gartens bleibt bestehen und sollte derart ausgelegt sein, dass Anpassungen an Vorlieben, Tätigkeiten und Pflegeaufwand möglich sind, ohne sein Raumerlebnis zu beeinträchtigen.

In den letzten Jahren ist die Berufsgruppe der Landschaftsarchitekten präsenter geworden. Sie setzen die Tradition der Gartenkunst fort, verschreiben sich der gestalterischen Innovation, die die praktische ergänzt. Der Garten wurde längere Zeit eher als Arbeitsraum eingestuft, dessen Zustand Ordnung, Fleiß und Produktionstüchtigkeit widerspiegelte. Die Auseinandersetzung mit der gestalterischen Konzeption hat in dieser Betrachtung wenig Bedeutung, auch wenn wir auf geachtete, engagierte und hervorragende Vorfahren aus dem Beginn des 20. Jahrhunderts zurückgreifen

können, die die Verbindung zwischen dem praktischen und dem ästhetischen Nutzen des Gartens propagiert haben. Leberecht Migge, wahrscheinlich der bekannteste Partner vieler moderner Architekten, plädierte in den 1920er Jahren in Artikeln und Büchern für die sozial gerechte Versorgung der Bevölkerung mit Grün und Gärten. Sie sollten funktionieren und produzieren. Seine Gestaltungsgrundsätze orientierten sich an der praktischen Benutzbarkeit, die Gärten sollten ohne unnötigen Dekor auskommen und somit auch nicht zuviel Arbeit machen. Er setzte sich für eine klare Zonierung, einfache Einteilungen und präzise definierte Räume im Garten ein. Nicht nur für öffentliche Anlagen legte er diese Prinzipien an, auch Privatgärten, die nach seinen Siedlungskonzepten durchaus klein mochten, sprechen die Formensprache der klassischen Moderne.

In den 40er und 50er Jahren des 20. Jahrhunderts fanden sich in den Gartengestaltungsbüchern ähnlich wie in der Architektur sehr viele moderne Vorbilder aus dem amerikanischen Raum. Mondänes Ambiente, Gärten vor großen Glasfenstern, klassisch schlichte Pergolen und geradlinige Natursteinmauern stellten ein Gegenüber zum traditionellen, bodenständigen Stil dieser Zeit dar. Private Hausgärten fanden sich in Design- und Wohnratgebern wieder, die auf den Kaffeetischen jener Personen lagen, die sich darum bemühten, gestalterisch up to date zu sein.

Die Zeit der aufkommenden Umweltbewegung blieb auch in der Gartengestaltung nicht ohne Auswirkung. Einzelelemente schoben sich wieder in den Vordergrund, Prinzipien der Ökologie, der sogenannten Vegetationssoziologie, der Nutzbarkeit lösten die Bedeutung ab, die die Gestaltung des Gartens innehatte.

Diese Entwicklungen passieren teilweise parallel, teilweise verschoben. Mit dem neuen Bewusstsein für verträgliche Umgangsformen mit der Natur ist in der heutigen Gartengestaltung ein Neben-

einander verschiedener Schwerpunkte möglich. Anders als in den 1970er und 1980er Jahren sind ästhetische Leitbilder jedoch nicht mehr mit Naturnähe verknüpft. Die enge Verbindung zur Architektur verschaffte der Gartenkunst wieder Präsenz in Fachzeitschriften und Lifestyle-Magazinen, in denen aber nur kleine Ausschnitte der gesamten Palette zu sehen sind.

Stilelemente aus verschiedenen Epochen verlieren nicht an Aktualität.

Was ist ein Garten?

„Garten" ist ein Alltagsbegriff und wird ganz selbstverständlich verwendet. Er ruft aber unterschiedliche Bilder wach. Wovon sprechen wir eigentlich, wenn wir „Garten" sagen?

„Wir trafen uns in einem Garten ...
... wahrscheinlich unter einem Baum ..."
(Inga Humpe, 2000)

Das in einem Popsong besungene Treffen könnte in einem funktionalen Reihenhausgarten, in einem Villengarten im Englischen Landschaftsstil, in einem poetisch-modernen Garten oder in einem Ökoparadies stattgefunden haben. Auch eine öffentliche Park- oder Gartenanlage ist denkbar. Auf jeden Fall war (mindestens) ein Baum vorhanden, der in einem grünen Freiraum stand, groß genug, dass erwachsene Personen sich unter seiner Krone aufhalten können.
    „Ein Garten ist normalerweise im Freien, ein relativ kleines Stück Grund (relativ zu den begleitenden Gebäuden oder der topographischen Umgebung)", beantwortet John Dixon Hunt auf die

wahrscheinlich einfachste Art, die Frage, was denn ein Garten sei.[3] Schon im Jahr 1816 erläutert der berühmte Landschaftsgestalter Humphrey Repton in seinen Fragmenten über Landschaftsgärtnerei und Landschaftsarchitektur, dass das Grundstück kultiviert sein sollte, um zum Garten zu werden[4]. Das forderte bereits Voltaires Candide im Jahr 1759: „Wir müssen unseren Garten bestellen."

Laut Duden ist ein Garten ein „begrenztes Stück Land (an, um ein Haus), zur Anpflanzung von Gemüse, Obst, Blumen oder Ähnlichem". Seit jeher ist die Umschlossenheit, die Einfriedung, die Begrenzung der Ausgangspunkt für den Gartenbegriff. Anne van Erp-Houtepen bestätigt in ihrer etymologischen Untersuchung, dass in allen europäischen, indo-europäischen und slawischen

Anbau frischer Kräuter (Projekt Milena Grossauer und Elmar Nadler, 2007)

Dillbutter
250g Butter schaumig rühren und mit Dill, Salz und Pfeffer vermischen. Fertige Butter in den Kühlschrank stellen und abkühlen lassen. Aus der kalten Butter eine Rolle formen und bis z[...] Gebrauch im Kühlschrank lagern.

[3] John Dixon Hunt (2000), S. 4/5
[4] Humphrey Repton: Fragments on Landscape Gardening and Landscape Architecture London 1816, in: John Dixon Hunt (2000), S. 19

Sprachen „Garten" von Wörtern abgeleitet wird, die 'enclosure', also Umschließung, bedeuten. Selbst der älteste, berühmteste, wohl auch berüchtigtste Garten, das Paradies, steht für einen umgrenzten Freiraum. Das altpersische Wort „pairideaza" besteht aus den Wörtern *pairi* (herum) und *daeza* (Mauer).[5] Ohne deutliche Begrenzung wäre nach dem Sündenfall ja auch die Ausgrenzung unmöglich gewesen.

Abgesehen von Ein- und Ausschluss, der mit dieser Umgrenzung zu tun hat, suggerieren Gärten – ob mit oder ohne Zaun – Abgeschiedenheit, Privatheit und Sicherheit. Sie fungieren als Rückzugsorte, selbst wenn kein Zaun vorhanden ist.

Meto Vroom erklärt in seinem Lexikon der Landschaftsarchitektur nach dem Oxford English Dictionary, dass der Garten „ein idyllischer Ort, ein Park, eine ornamentale Fläche [sei], die für die Erbauung und Erholung … gemacht wurde."[6]

Nach dieser Definition ist der Garten also mehr als ein physischer Ort, er ist

Kinder nutzen jede Gelegenheit zum Spielen.

Freiraum im eigentlichen Sinn. Er dient der Erbauung und Erholung, die Gefühle und Gedanken freisetzen. „Der Garten ist der letzte Luxus unserer Tage, denn er fordert das, was in unserer Gesellschaft am seltensten und kostbarsten geworden ist: Zeit, Zuwendung und Raum." schreibt der Schweizer Garten- und Landschaftsarchitekt Dieter Kienast.[7]

Gärten sind jedoch keine isolierten Räume, sie sind nicht nur im Freien, sie sind ein Stück Erde. Sie entwickeln sich in Abhängigkeit vom geologischen Untergrund (und sei dieser der Beton des Garagendaches), von klimatischen Bedingungen, von Nährstoffverhältnissen im Boden. Sie sind somit an die natürlichen Bedingungen des Standortes gebunden und nicht zuletzt auch topografisch Teil einer größeren, landschaftlichen Einheit. Ein Garten spielt funktional und optisch mit seiner Umgebung zusammen. Er ist Teil der Kulturlandschaft. Die Beziehung zwischen der weiteren Umgebung und der Einheit des Gartens ist Teil der gestalterischen Interpretation des Gartens.

Die direkte oder weitere Umgebung, mit der der Garten in Beziehung steht, ist häufig baulicher Natur. Bruno Taut beschreibt seine Architektur in enger Verbindung mit der Landschaft. In der Beschreibung seines eigenen Gartens, den er sich von Leberecht Migge entwerfen ließ, schreibt er, dass „Stellung, Raumlage und Architektur dieses Hauses ... ohne den Garten undenkbar" sei.

„Garten ist aber hier nicht eine Loslassung von gärtnerischen Künsten, sondern im Grunde genommen nichts weiter als die Landschaft selbst. Hineingehen vom Garten ins Haus und Hinausgehen, Hinein- und Hinausblicken, das sind Faktoren, auf denen sich sein Grundriss und seine Gestalt aufbauen."[8]

Persönliche Beziehungen zum Garten

Von der gestalterischen Einbindung und Konzeption abgesehen, bestehen sehr enge, persönliche Bindungen zum eigenen Garten. Die Sehnsucht nach Entspannung, Idylle und Glück treibt Menschen in den Garten. Das Erleben von Idylle hat sehr viel mit persönlicher Auseinandersetzung, mit Konfrontation mit sich selbst, mit „Innerlichkeit" zu tun. Es handelt von „Träumen über das verlorene Paradies", vom „ursprünglichen, einfachen Leben", von der „Sehnsucht nach Glück und Vollkommenheit".[9] So kann

Die Gartenplaner Auböck-Kárász entwerfen einen ruhigen Garten.

[5] vgl. John Dixon Hunt (2000), S.19f
[6] Oxford English Dictionary, zit. In: Vroom (2006), S. 135
[7] Dieter Kienast (1990/2002), S. 76
[8] Bruno Taut (1927), S. 101
[9] Oliver Zybok (2006), S. 39ff

Der Plattenbelag des Sitzplatzes liegt wie ein Teppich im Rasen.

der Garten auch als „komprimiertes Wunschbild der Welt" bezeichnet werden.[10] Gartenarchitekten sind so gesehen als „Traumfänger" tätig.[11] Die Beschäftigung mit Pflanzen, die Beobachtung ihrer Entwicklung, Ernteerfolge oder Schädlingsdesaster stellen eine Verbindung mit der Natur her, die weiter reicht als bloßes Betrachten von Landschaft. Dieter Kienast erklärt, im Garten bilde sich die Welt ab. Er sei „Stellvertreter der Natur, in dem wir Geist, Wissen und Handwerk wieder gebrauchen im sorgsamen Umgang mit der Welt und ihrem Mikrokosmos, dem Garten."[12]

Der Aufenthalt im Freien ist heute zum größten Teil Freizeitvergnügen,

Muße, Bewegung und Zeitvertreib mit Freunden und Freundinnen. Gärtnerische Arbeit dient dem Ausgleich zum bewegungsarmen Alltag. Der Garten oder auch der Balkon, die Terrasse sind selbstverständliche Teile des Wohnraums geworden.

„Im Laufe der Jahre habe ich entdeckt, dass es angenehm ist, einzelne Räume im Garten zu haben. An verschiedenen Ecken des Gartens sollten Sitzplätze sein."

Eine 75-jährige Gartenbesitzerin beschreibt so, wie sie sich im Garten einige zusätzliche Wohnräume einrichtet. So kann sie sich Aufenthaltsorte im Garten je nach Befindlichkeit und Wetter aussuchen. Sie hat viele Sessel und Liegen durch den Garten getragen, um sich dort aufhalten zu können, wo es im

Moment am angenehmsten war. Jetzt würde sie die Räume gleich in den Entwurf des Gartens einarbeiten, denn der Garten „sollte ein Erholungsraum sein", sagt sie.

Der Hausgarten ist ein privater Rückzugsort, der zum Alltag gehört. Die Produktion von Lebensmitteln im eigenen Garten dient in Mitteleuropa kaum noch der Grundversorgung, sie ist willkommene Ergänzung, oft eine Verbesserung des Angebots im Supermarkt.

Gärten sind ein starker Ausdruck von Persönlichkeit. Sie lassen den Umgang der Eigentümer mit Natur, Pflanzen sowie Komposition und Gestaltung von Lebensräumen erkennen. Sie stellen somit Repräsentationsräume in mehrfachem Sinne dar. Unsere soziale und kulturelle Entwicklung bestimmen unsere Vorstellung eines Gartens, welchen Naturbezug wir haben, welche Bilder das Wort „Garten" in uns wachruft. Helen Armstrong, Landschaftsarchitektin und Universitätsprofessorin in Sidney und Melbourne, hat die Gestaltung von Gärten analysiert, die Einwanderer nach Australien aus den unterschiedlichsten Ländern angelegt haben. Das Spektrum dieser australischen Gärten verschiedener Herkunft macht deutlich, wie stark die Beziehung von Person und Kultur mit der Ausprägung eines Gartens sein kann.[13]

Internationale Beispiele aus touristischer Anschauung oder Publikationen

[10] Dieter Kienast (1990/2002), S. 71
[11] vgl. Stephan Leppert (2004), S. 24
[12] Dieter Kienast (1990/2002), S. 76

[13] Helen Armstrong (2005)
[14] Dieter Kienast (1990/2002), S. 76

beeinflussen die individuellen Vorstellungen. Die öffentlich zugänglichen Parkanlagen und Gärten dienen als Vorbild für die kleineren privaten Grünräume. Stilistische Nähe zu kunsthistorischen Epochen ist in individuellen Gärten zu finden. Immer ist jedoch eine persönliche Färbung, eine eigene Interpretation vorhanden, in der sich ein Teil der Persönlichkeit ausdrückt.

Das Buch „Gartenräume gestalten" behandelt die räumliche Konzeption und die gestalterische Entwicklung privater Grünräume. Private Grünräume werden als „Hausgärten" bezeichnet: Grüne Zimmer, die in direktem Zusammenhang mit dem Wohngebäude stehen. Im dicht besiedelten Mitteleuropa sind solche Gärten kleiner geworden, die Ansprüche sind mit den Möglichkeiten der Pflege und Herstellung trotzdem gewachsen.

Gartenarchitektur oder Landschaftsarchitektur ist eine kreative Tätigkeit, die die Ergebnisse gärtnerischer und gartenbaulicher Fertigkeiten über lange Zeit räumlich wirken lässt. Sie steht mit gesellschaftlichen, modischen und künstlerischen Strömungen in Zusammenhang und ist mit ihnen einem Wandel der Leitbilder unterworfen.

Der ephemere Charakter von Modeströmungen ist gegensätzlich zur Dauer, die die Entwicklung eines Gartens einnimmt. Bis unter dem Kronendach eines Baumes Treffen zwischen Erwachsenen stattfinden können, vergehen viele Jahre. Die Dauerhaftigkeit eines räumlichen Grundkonzeptes, das der Gestaltung des Gartens zugrunde liegt, ist deshalb essentiell. Es ist dieses Konzept, das die kulturelle Bedeutung trägt und das Wohlbefinden bestimmt, nicht die sich

ändernden Einrichtungsgegenstände oder die Ausstattung, denn „den Unterschied zwischen banalem, pflegeleichtem Abstandsgrün, sich selbst überlassener Urwüchsigkeit und Garten macht dessen tragfähiges Konzept, seine Partitur oder Vision aus. Der Garten muss wieder zum Bedeutungsträger werden, er soll unser Bewusstsein schärfen und die Sinne wecken."[14]

Um einen persönlichen Garten anzulegen, in dem sich all diese Facetten zu einem Ganzen verbinden, sind vielerlei Gestaltungsschritte notwendig. Hier wird dieser Weg aufgezeichnet. Er soll dorthin führen, dass Besitzer sich noch lange und gerne in ihm aufhalten, ihn betrachten, sich in ihm betätigen. Er soll auch in ferner Zukunft ein attraktiver Ort sein, in dem sich Treffen aller Art veranstalten lassen.

Veränderung des Gartens durch temporäre Gestaltungselemente

Bestehendes analysieren

Ein Grundstück steht in Beziehung zum Gebäude und zur Umgebung. Der zukünftige Gartenraum hat Qualitäten und Potenziale. Um diese zu entdecken, findet eine intensive Beschäftigung mit dem Bestand statt.

Beziehung zur Umgebung

Zu Beginn jeder Gartengestaltung steht die Analyse der Ausgangssituation. Die Anforderungen und Möglichkeiten der Nutznießer des Gartens sind gründlich zu erheben:

– Welche Wünsche und Vorstellungen, welche Bilder tragen wir im Kopf?
– Sind die Bilder vielleicht auch mit der Lage des Gartens verbunden?
– Wo befindet sich der zu gestaltende Freiraum und in welchem natürlichen, städtebaulichen und historischen Zusammenhang ist der vorhandene Bestand eingebunden?
– welchen Pflegeaufwand kann und will man leisten?

Das Studium des Ortes und die Interpretation und Deutung der spezifischen Eigenschaften ist wichtiger Teil der Entstehung eines Leitmotivs für die neue Gestaltung eines Freiraums. Diese Verbindung mit der Ausgangssituation macht den Entwurf einzigartig und nicht willkürlich austauschbar. All diese Überlegungen stellen das Fundament für

einen gelungenen Entwurf dar, der den Ansprüchen der Gartenbenutzer entspricht, den Gegebenheiten des Ortes gerecht wird, ihn optimal zur Geltung bringt und ihm eine besondere Qualität hinzufügt.

Lage und Typologie des Ortes

Folgende Fragen sind fundamental bei dem Erarbeiten einer gestalterischen Lösung für den Garten, da sich in jeder Situation andere Anforderungen und Potenziale für die Planung ergeben:

– Befindet sich der Garten in einer Siedlung am Stadtrand oder im Zentrum einer städtischen Struktur?
– Welche landschaftlichen oder baulichen Elemente prägen den Ort und seine Umgebung?
– Um welche Art von Freiraum handelt es sich?
– Welche Aussichten und welche Einsichten gibt es?

Die Typen von Gärten können in „Reinkultur" vorkommen, oft handelt es sich aber um Mischformen. In einem Projekt können außerdem mehrere Freiräume zugleich vorkommen. Eine Terrasse an der einen Seite des Wohnhauses kann durch einen Garten an der anderen Seite ergänzt werden. Ein zusätzlicher Hof kann vom Gebäude umschlossen werden.

Blick aus dem Fenster

Stadtgarten

Gärten in der Stadt befinden sich oft auf Grundstücken mit unmittelbar angrenzender, mehrgeschossiger Bebauung. Gebäudeschatten und fehlende Intimität aufgrund der Einsehbarkeit sind hier zu berücksichtigen. Kleine Gartenräume erfordern ein besonderes Maß an Aufmerksamkeit. In vielen Fällen befinden sich Gärten auf überbauten Flächen, wie zum Beispiel auf dem Dach einer Tiefgarage, wodurch die Möglichkeit des

Einsatzes einiger Gestaltungselemente (z. B. großwüchsige Bäume) reduziert ist. Lärmquellen und das Stadtklima (z. B. Regenfälle, Schnee, Staub, Hitze, Trockenheit) müssen in Planungsentscheidungen einfließen.

Gärten im Siedlungsgebiet

Ein wichtiges Thema bei Gärten von Einfamilien- oder Reihenhäusern im dichten Siedlungsgebiet ist die Öffnung oder Abgrenzung (Sichtschutz und Blick-

Eine großzügige, nutzungsoffene Fläche bietet auch in einem kleinen Stadtgarten eine Vielzahl an Aufenthaltsmöglichkeiten.

Der Bauerngarten als Teil der Landschaft – die umgebende Landschaft als Teil des Gartens.

beziehungen) zu den Nachbargrundstücken. Bei der Planung größerer Grundstücke sollten rechtzeitig die Kapazitäten der Eigentümer für die Pflege des zukünftigen Gartens bedacht werden.

Gärten in der offenen Landschaft

Grenzt ein Garten unmittelbar an die umgebende Natur- bzw. Kulturlandschaft, stellt sich die Frage, welche Beziehung er mit ihr eingeht: Einbindung, fließender Übergang oder Abgrenzung. Die angrenzende Landschaft kann sowohl als Kulisse dienen als auch Probleme zur Folge haben (z. B. Besuch von Wild im Garten).

Naturraum, Klima und Landschaftstypen

Jeder Naturraum verfügt über eigene klimatische, geologische und hydrologische Besonderheiten, die die jeweilige Fauna und Flora prägen. Die natürlichen Eigenschaften der Landschaft prägen den zu gestaltenden Garten. Die Umgebung ist visuell präsent, Klima und Bodentyp bestimmen Pflanzengesellschaften, die unter den gegebenen Bedingungen optimal gedeihen. Aus der aufmerksamen Beobachtung der natürlichen Vegetation können wichtige Hinweise für die Auswahl der dem Ort entsprechenden Pflanzen gezogen werden. So sind bei einem Spaziergang im Voralpengebiet auf kalkhaltigen Böden vorwiegend Rot-Buchen (*Fagus sylvatica*), Berg-Ahorn (*Acer pseudoplatanus*) und Hainbuchen (*Carpinus betulus*) anzutreffen, während auf sauren Böden des Heidelandes Stiel-Eichen (*Quercus robur*), Sand-Birken (*Betula pendula*) und Ebereschen (*Sorbus aucuparia*) überwiegen. In einer Gartengestaltung kann nun das Pflanzkonzept den Charakter der umgebenden Natur- und Kulturlandschaft aufgreifen, ergänzen oder kontrastieren. So kann das Wissen um die natürlichen Eigenschaften dazu verwendet werden, die Konditionen vor Ort optimal zu nutzen.

Das Landschaftsbild wird ganz wesentlich durch die Bearbeitung über die Jahrhunderte geprägt. Feldstrukturen, Obsthaine, Weidelandschaft oder Weingärten können die Gestaltung inspirieren.

Geologie, Boden und Topografie

Die Topografie und der Bodentyp eines Ortes sind Ergebnis langer Wechselwirkungen mit der lokalen Geologie. Je nach Ausgangsgestein, klimatischen Bedingungen und Exposition entstehen verschiedene, charakteristische Landschaftsformen mit Tälern, Hügeln, Ebenen oder Steilhängen.

Der Boden setzt sich neben seinen mineralischen Komponenten aus organischem Material (Humus) sowie einer Vielzahl an pflanzlichen und tierischen Klein- und Kleinstlebewesen zusammen und stellt das Fundament jeden Gartens dar. Seine Zusammensetzung, Schichtstärke, Textur und Struktur gibt Aufschluss über das Entwässerungsvermögen und die Wasserspeicherkapazität, das Erosionsverhalten, die Bearbeitbarkeit, die Nährstoffzusammensetzung und die darauf optimal gedeihenden Pflanzengesellschaften. Die Farbe, Körnung und das Knetverhalten des Bodens sowie bestimmte Zeigerpflanzen erlauben Rückschlüsse auf den Bodentyp.

Sandige Böden leiten bei Niederschlägen Oberflächenwasser rasch ab, sind aber nährstoffarm und meist im sauren pH-Bereich, während tonige Böden in der

Vom Ausblick in die Weidelandschaft kann ein Garten profitieren.

Regel einen hohen Nährstoffgehalt aufweisen, aber zur Verdichtung neigen und nur schwer wasserdurchlässig sind. Daher müssen tonige Böden häufig mit künstlichen Entwässerungssystemen ausgestattet werden.

Die Betrachtung und der Umgang mit der Topografie eines Geländes gibt einerseits Aufschluss über den natürlichen Verlauf der Entwässerung, andererseits ist die genaue Kenntnis der Geländemodellierung eine wichtige Basis für den Entwurfsprozess. Mit der Topografie ergeben sich wichtige Blickbeziehungen innerhalb und außerhalb des Grundstücks und es definieren sich Räume, Sichtbarrieren und blickgeschützte Bereiche.

Die künftigen Nutzungsmöglichkeiten eines Gartens werden nicht zuletzt von den vorhandenen Hangneigungen und der Möglichkeit ihrer Veränderung bestimmt. Erdbewegungen machen einen wesentlichen Teil der Baukosten eines Gartens aus, weshalb es sinnvoll ist, die Gestaltung möglichst auf die bestehende Topografie abzustimmen und die Potenziale des Geländes zu nutzen.

Das Regelmaß der Weinreben entsteht aus der Bearbeitung. Es kann als Referenz für eine Entwurfsidee dienen.

Der Blick auf die benachbarte Obstblüte erweitert das Farbspektrum des eigenen Gartens.

Exposition und Mikroklima

Im Rahmen des regionalen Klimas bestimmen die Topografie und Meereshöhe, die Ausbildung der Vegetation, Grad und Dauer der Sonneneinstrahlung sowie die Einwirkung von Wind das spezielle Mikroklima eines Ortes. Einige Effekte können auch ohne aufwändige Messungen und Studien beobachtet werden (z. B. Neigung von Bäumen in Windrichtung bei starker Hanglage).

Hangflächen sind je nach Neigung und Ausrichtung in unterschiedlichem Maß der Sonneneinstrahlung ausgesetzt, wodurch die Voraussetzungen für die Bepflanzung und die damit verbundene Hangfestigkeit stark variieren können. Der Schattenwurf großer Gebäude und ihr Verhalten zu starken Hauptwinden sind weitere wichtige Faktoren für die Planung eines Freiraums.

Geschichte des Ortes

Der Bestand jedes Grundstücks, Innenhofs oder Stadtgartens ist Ergebnis einer individuellen Geschichte des Ortes, die anhand von Spuren ablesbar ist. Je nach aktuellem Zustand und vorhandener Dokumentation sind vergangene Nutzungen in einem Garten mehr oder weniger einfach identifizierbar. Spuren werden beispielsweise in der Vegetation und Pflanzenverwendung, der Topografie oder an baulichen Elementen sichtbar.

Vegetation
Welche Artenzusammensetzung und welches Alter hat der vorhandene Baum- und Strauchbestand? Ist eine bewusste Anordnung der Gehölze erkennbar? Sind

Spuren ehemaliger Formschnitte am Baumbestand auffindbar?

So können zum Beispiel lineare, homogene Baumpflanzungen ehemalige Wege, Zugänge oder Abgrenzungen markieren, bestimmte Zeigerarten Aufschluss über die Epoche einer ehemaligen Gestaltung geben und vorhandene Obstbäume an einstige Nutzgärten erinnern.

Geländeverlauf

Bei der aufmerksamen Betrachtung der Geländemodellierung eines Ortes werden künstliche Eingriffe in die Topografie erkennbar. Terrassierungen, ehemalige Wegetrassen oder plötzliche, klar begrenzte Vertiefungen oder Erhebungen, unter denen sich bauliche Elemente wie Brunnen oder einstige Beetanlagen verbergen können, geben Aufschluss über die Geschichte des Freiraums.

Bauliche Elemente

Weitere Indikatoren der Vergangenheit einer Parzelle sind deren bauliche Elemente und verwendete Materialien. Bodenbeläge, Mauern und Begrenzungen oder vorhandenes Mobiliar bezeugen ehemalige Nutzungen oder geben Hinweise auf frühere Strukturen, Gestaltung und Verwendung des Ortes. Das Lesen des Bestandes, die Kenntnis der Geschichte und der vorangegangenen Nutzungen eines Ortes stellen weitere Grundlagen zum Verständnis und zur

künftigen Bearbeitung eines Freiraums dar. So können aus der Nutzungsentwicklung eines Gartens gelernt, Potenziale und Defizite des Ortes ermittelt werden. Die Interpretation einzelner Spuren kann als Motiv in die neue Gestaltung einfließen und einzelne Elemente können als Erinnerungsstücke an die Vergangenheit erhalten bleiben.

Architektonischer Bestand und bauliche Tradition des Ortes

Graue Granitsteinpflaster, rote Klinker in der Fassadengestaltung oder Schilfdächer – jede Region besitzt eine lokale Bautra-

Lokal verfügbares Material findet im Garten Verwendung.

dition. Diese basiert auf der Verwendung von Baustoffen, die den klimatischen Bedingungen entsprechen und vor Ort problemlos zu erwerben waren. Lokale Materialien kommen nicht nur in der Architektur, sondern auch im Freiraum zum Einsatz – als Bodenbeläge, Mauerbausteine oder zur Herstellung von Begrenzungen. Die Verwendung örtlichen Baumaterials in einem Garten und die Arbeit mit lokalen Techniken garantiert in der Regel eine gute Qualität der Ausführung. Variation und Interpretation der lokalen Bautradition bindet ein Projekt thematisch und formal in die Umgebung ein und verleiht dem Garten gleichzeitig

Im Garten, gestaltet von Koeber Landschafts-architektur, nehmen subtile Niveauunterschiede auf ein feines Relief der denkmalgeschützten Fassade Bezug.

Den Bestand dokumentieren

Die Aufnahme des Bestands des zu planenden Freiraums ist der nächste, wichtige Planungsschritt und wird in Form eines Planes, dem Bestandsplan, zusammengefasst. Dieser Plan stellt die Basis für alle weiteren Überlegungen dar. Als Plangrundlage für den Bestandsplan kann ein Bauplan, ein Katasterplan, ein Luftbild oder eine Handskizze dienen. Die genaueste Grundlage ist ein Vermes-sungsplan, der auch alle Höhenangaben enthält. Geländepunkte, Baumstandorte, bauliche Einrichtungen müssen enthalten sein. Für eine professionelle Vor-gangsweise müssen aus dem Bestands-plan auch die Abbruch- und Rodungsar-beiten abgeleitet werden können. Je exakter der Bestandsplan, desto geringer der Aufwand in der Anpassung der Pla-nung. Außerdem lassen sich Kosten viel genauer einschätzen.

einen individuellen und oft überra-schenden Charakter.

Ebenso wichtig wie die örtliche Bau-tradition ist der gezielte Umgang mit dem architektonischen Bestand. In einem zeitgemäßen Gartenprojekt werden weder Stil noch Bauepoche nachgebaut. Es findet aber sehr wohl eine sensible Auseinandersetzung mit den stilistischen und gestalterischen Leitaspekten der umgebenden Gebäude statt.

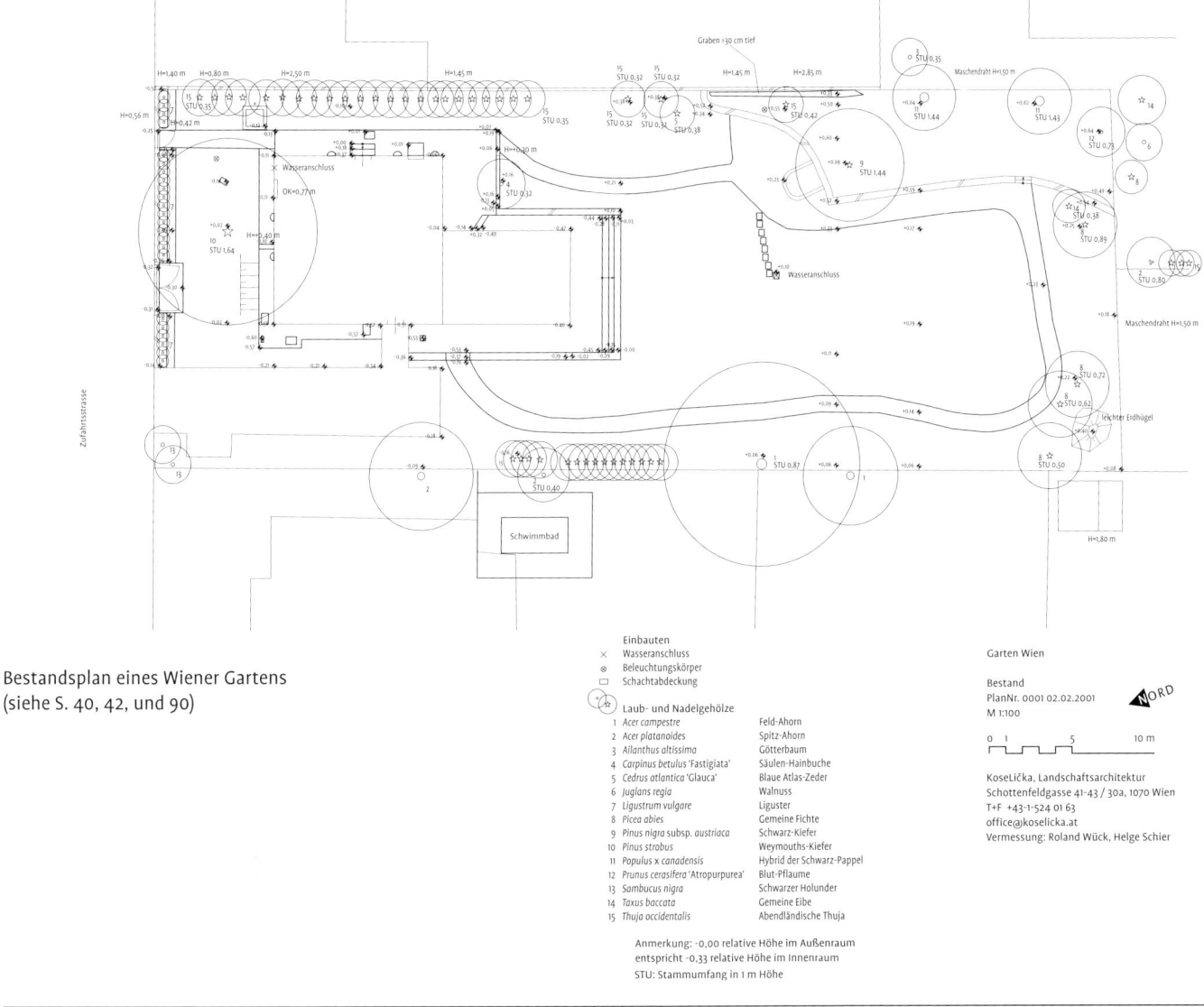

Bestandsplan eines Wiener Gartens
(siehe S. 40, 42, und 90)

Einbauten
× Wasseranschluss
⊗ Beleuchtungskörper
□ Schachtabdeckung

Laub- und Nadelgehölze
1	Acer campestre	Feld-Ahorn
2	Acer platanoides	Spitz-Ahorn
3	Ailanthus altissima	Götterbaum
4	Carpinus betulus 'Fastigiata'	Säulen-Hainbuche
5	Cedrus atlantica 'Glauca'	Blaue Atlas-Zeder
6	Juglans regia	Walnuss
7	Ligustrum vulgare	Liguster
8	Picea abies	Gemeine Fichte
9	Pinus nigra subsp. austriaca	Schwarz-Kiefer
10	Pinus strobus	Weymouths-Kiefer
11	Populus x canadensis	Hybrid der Schwarz-Pappel
12	Prunus cerasifera 'Atropurpurea'	Blut-Pflaume
13	Sambucus nigra	Schwarzer Holunder
14	Taxus baccata	Gemeine Eibe
15	Thuja occidentalis	Abendländische Thuja

Anmerkung: -0,00 relative Höhe im Außenraum
entspricht -0,33 relative Höhe im Innenraum
STU: Stammumfang in 1 m Höhe

Garten Wien

Bestand
PlanNr. 0001 02.02.2001
M 1:100

NORD

0   1   5   10 m

KoseLička, Landschaftsarchitektur
Schottenfeldgasse 41-43 / 30a, 1070 Wien
T+F +43-1-524 01 63
office@koselicka.at
Vermessung: Roland Wück, Helge Schier

Bei der Bestandsaufnahme werden folgende Punkte festgehalten:

- Topografie und Unterschiede im Geländeverlauf
- Position und Höhenlage von bestehenden Bäumen, Sträuchern und Pflanzflächen
- Kronen- und Stammdurchmesser von Bäumen und großen Sträuchern
- Verlauf von Sonne und Schatten

- Schattenprofil von Gebäude und Bäumen
- Himmelsrichtung
- Position baulicher Elemente und Ausstattung
- Äußere und innere Sichtbeziehungen
- Äußere und innere Wegebeziehungen
- Beziehung Haus – Garten (Eingänge, Sichtbezüge innen – außen)

- Beziehung zu angrenzenden Gebäuden (vor allem Sichtbezüge in den Garten)
- dominante Windrichtung
- Richtung der natürlichen Entwässerung, feuchte Zonen
- vorhandene Infrastruktur (Strom-, Wasser-, Lichtanschlüsse, und vorhandene Anbindung an das Entwässerungssystem)
- Schattendiagramm

Gestalt entwerfen

„Design is a process which enables us to solve a problem using creativity."

Helen Armstrong (2001)

Die Gestaltung eines Gartens hat in erster Linie zum Ziel, die ästhetischen und funktionalen Ansprüche seiner Benutzerinnen und Benutzer mit den natürlichen Ressourcen in Einklang zu bringen. Der Entwurfsprozess beginnt als Zusammenführung der Analyse der Ausgangssituation und den künftigen Gestaltungs- und Nutzungsansprüchen. Eine umfangreiche Auseinandersetzung mit dem Ort und die Erfahrungswerte von Landschaftsarchitektinnen und -architekten sind dabei hilfreich.

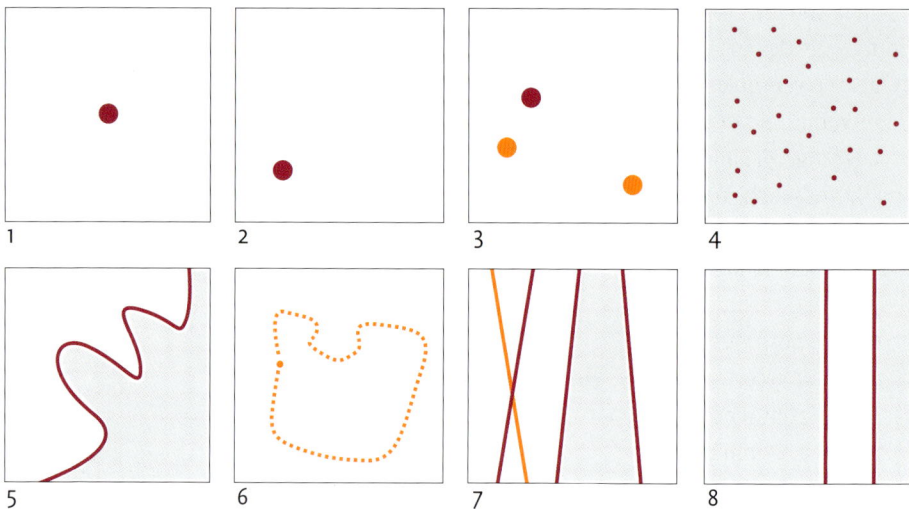

Design-Elemente

Punkt

Der Punkt stellt die kleinste gestalterische Einheit dar. Er verfügt im geometrischen Sinn über keine Richtung und keine Ausdehnung. Jedes lineare Element ist durch eine Menge an einzelnen Punkten definiert. Ein Punkt konzentriert, vermittelt Energie und erzeugt je nach Anzahl und Anordnung unterschiedliche gestalterische Gefüge (siehe Grafik Nr. 1–4).

Im Zentrum einer Fläche vermittelt ein punktförmiges Element ein visuelles Gleichgewicht und Ruhe. Sobald es jedoch auch nur geringfügig vom Zentrum abweicht, verlagert sich der Schwerpunkt und die Komposition wird anders wahrgenommen. Die Anordnung von mehreren Punkten erzeugt je nach Kombination und Nähe der Elemente unterschiedliche Spannungen und markiert (gedachte) Flächen und Räume. Je nach Entfernung, Größe und Dichte der einzelnen Elemente erscheint eine gewisse Menge an Punkten als Textur. Der Einsatz punktförmiger Elemente geschieht in der Gartengestaltung in verschiedenen Bereichen und Maßstäben. Darunter fallen z. B. Bäume, Sträucher und Solitärstauden oder Gestaltungselemente wie Brunnen oder Skulpturen.

Linie

Die Linie bezeichnet den Weg, den ein bewegter Punkt zurücklegt. Sie verfügt über eine Richtung und eine Länge, kann in Verlauf, Richtung und Position variieren. Sie definiert in geschlossener Form

Ein Fußweg führt als geschwungene Linie durch die Wiese.

Flächen. Gerade Linien weisen eine klare, eindeutige Richtung auf, während ein gezackter, verwinkelter oder geschwungener Verlauf Spannung vermittelt. Geschwungene Linien wirken natürlich und harmonisch, sind jedoch schwierig mit weiteren Kurven und Radien zu kombinieren. Je breiter eine lineare Form ausgebildet ist, umso dominanter wird sie wahrgenommen. Bei der Kombination von Linien entsteht Ruhe und Balance durch horizontal oder vertikal parallele Anordnung. Durch Überlagern und Schneiden von mehreren Linien wird Dynamik erzeugt (siehe Grafik Nr. 5–8).

Einige Beispiele für die Anwendung linearer Elemente sind die Gestaltung von Wegen, die Ausbildung von Sichtachsen oder die Markierung von Grenzen und Konturen. Niedrige Mauern sowie Randeinfassungen von Beeten oder Wegen können als lineare Elemente eingesetzt werden.

Fläche

Der Verlauf der Kontur gibt Flächen eine Form und unterscheidet sie vom Hinter- oder Vordergrund. Man unterscheidet zwischen positiven und negativen Flächen – je nachdem, ob die Fläche über sich selbst oder über ein Aussparen aus dem Hintergrund definiert wird. Die Definition der Konturlinie, von Textur und Farbe der Flächen sowie des Hintergrundes ermöglicht auch im zweidimen-

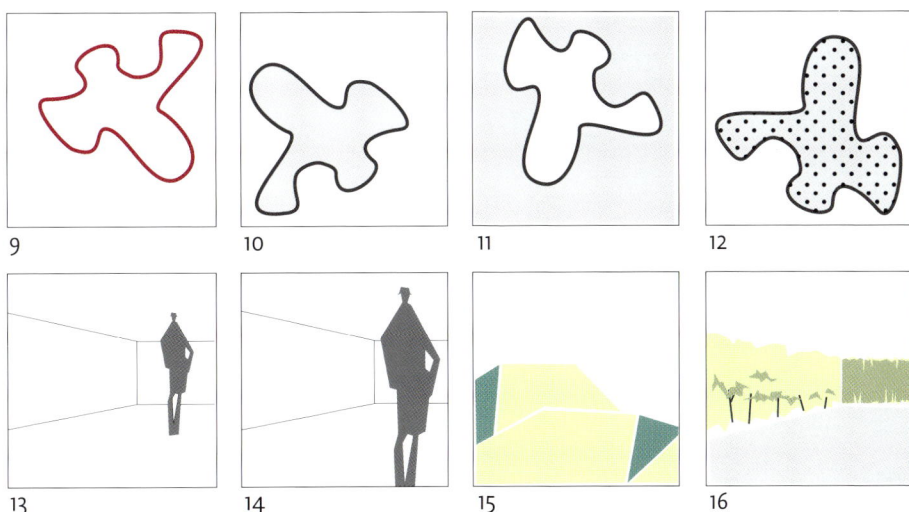

9   10   11   12

13   14   15   16

sionalen Raum eine räumliche Wirkung.

Bei der Erstellung des Nutzungskonzepts und der daraus resultierenden Festlegung von Bodenbelägen kommen Flächen zum Einsatz (siehe Grafik Nr. 9–12).

Volumen und Raum

Die Anordnung von Flächen und Linien in der dritten Dimension definiert Räume und Volumina. Das dadurch vermittelte Raumgefühl hängt von Textur, Farbe und Blickpunkt des Betrachters ab. Neben der Architektur und anderen baulichen Elementen spielen in der Landschaftsarchitektur bei der Arbeit mit Volumina und dem Schaffen räumlicher Situationen die Topografie und der Einsatz von Pflanzen eine wesentliche Rolle (siehe Grafik Nr. 13–16).

Textur

Flächen und Volumen können sowohl visuell als auch taktil wahrnehmbare Texturen aufweisen. Veränderungen der Oberfläche von Objekten sind sowohl sichtbar wie spürbar. Während feine Texturen eher in den Hintergrund treten, erzeugen grobe Texturen mehr Aufmerksamkeit und stellen Elemente in den Vordergrund. Durch die Kombination verschieden starker Texturen kann mit einem einzigen Material oder einer einzigen Farbe unter Beibehalten eines gestalterischen Rahmens eine große Vielfalt erzeugt werden. Texturen werden in vielerlei Hinsicht in Gärten wahrgenommen, z. B. bei der Verwendung von Pflanzen, Bodenbelägen und Materialien für Einrichtungen und Mobiliar (siehe Grafik Nr. 17–20).

17   18   19   20

21   22   23   24

Helligkeit +   Farbe 100%   75%   25%

Farbe

Farbe ist zunächst keine physikalische Eigenschaft von Objekten, sondern wird als Reflexion des Lichtes vom menschlichen Auge wahrgenommen. Farben sind somit relativ, werden von jedem Menschen anders gesehen und verändern sich je nach Beleuchtung und im Verhältnis zu ihrer Umgebung. Die grundlegenden Eigenschaften von Farbe sind neben dem eigentlichen Farbton ihre Sättigung, also die „Reinheit" des Farbtons, und ihre Helligkeit. Obwohl der individuelle Farbeindruck verschieden sein kann, lösen Farben je nach Kulturkreis und Gesellschaft verschiedene Gefühle und Assoziationen aus. Töne im rot-orangefarbenen Bereich vermitteln in erster Linie Wärme und Intensität, während Blau- und Grüntöne kühl und zu-

rückhaltend wirken. Mit Grün wird zumeist Vegetation assoziiert, während Blau für Wasser steht. Die gezielte Verwendung von Farben und das Spiel mit dem Farbeindruck gehört zu den wichtigsten Werkzeugen beim Schaffen von Atmosphäre und der Manipulation der Raumwahrnehmung (siehe Grafik Nr. 21–24).

In der Gestaltung von Gärten spielt die Wahl und der Einsatz von Farben eine wichtige Rolle, da ein gelungenes Design nicht zuletzt durch ein eindeutiges Farbkonzept, sowohl in der Bepflanzung als auch in der Ausstattung, wahrnehmbar wird.

Faktor Zeit

Ein wichtiger Faktor in der Arbeit mit Gärten ist die Zeit. Anders als in der

Architektur arbeitet die Gartengestaltung mit Pflanzen, die im Laufe der Zeit ihr Volumen und je nach Jahreszeit ihr Erscheinungsbild verändern. Das bedeutet, dass zweierlei Entwicklungen zu berücksichtigen sind:
–   Die Periodizität (also wiederkehrende Phasen wie Saisonen oder Tagesrhythmen)
–   die lineare Entwicklung (etwa das Baumwachstum).
Zudem kommt die Ungewissheit über mögliche Störungen in der Entwicklung der Vegetation durch markante klimatische Ereignisse (z. B. kalte Winter, Hochwasser, Dürreperioden), Veränderungen der Umwelteinflüsse oder Befall mit Schädlingen. Umso wichtiger ist eine genaue Definition eines gestalterischen Grundkonzeptes, das im schlimmsten Fall auch noch bei Ausfall von Pflanzen nachvollziehbar bleibt.

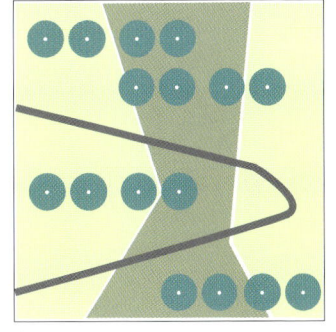
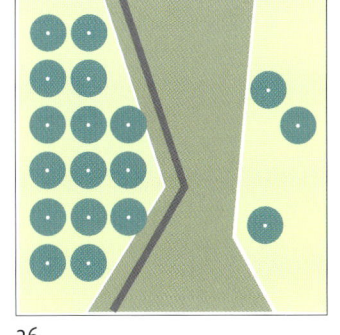

25   26

Gestaltungsprinzipien

Einheit und Fragmentierung

Stehen die einzelnen Elemente und Räume einer Gestaltung zueinander in starker funktionaler und visueller Beziehung, so herrscht Einheit – eine Komposition wird als Ganzes, harmonisch und stimmig wahrgenommen. Gestalterische Einheit kann auf verschiedene Art und Weise erzielt werden. Eine Möglichkeit ist das Wiederholen eines Leitthemas, einer Farbe, eines Materials, eines formalen Prinzips oder einer bestimmten Pflanze in einem Projekt. Einheit entsteht auch über Kontinuität im gesamten Garten-bereich, wie etwa über die Fortsetzung eines Elements, z. B. eines Weges oder eines linearen Pflanzelements. Eine Komposition kann nicht zuletzt aus der Nähe als stimmig wahrgenommen werden, wenn die einzelnen Gestaltungselemente über eine überlappende oder aneinander angrenzende Anordnung in Verbindung gebracht werden.

In anderen Fällen ist eine bewusste Fragmentierung und Spaltung des Gefüges gewünscht, um Dynamik und Bewegung zu vermitteln. Das gilt auch für die gezielte Unterbrechung der totalen Einheit einer Komposition, die die nötige Spannung verleiht und Langeweile oder Monotonie verhindert (siehe Grafik Nr. 25–26).

Symmetrie und Asymmetrie

Der symmetrische Aufbau verleiht einer Gestaltung Ausgewogenheit, Formalität und Kraft, jedoch besteht wie bei der

Rosa-orangefarbene Töne finden sich in vertikalen und horizontalen Flächen. Sie werden in der Möblierung aufgegriffen.

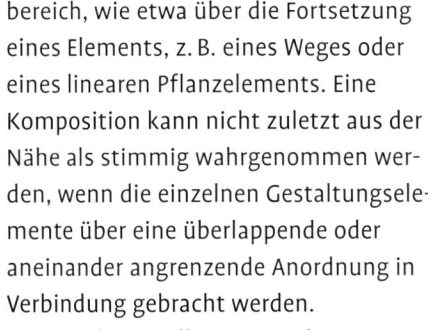

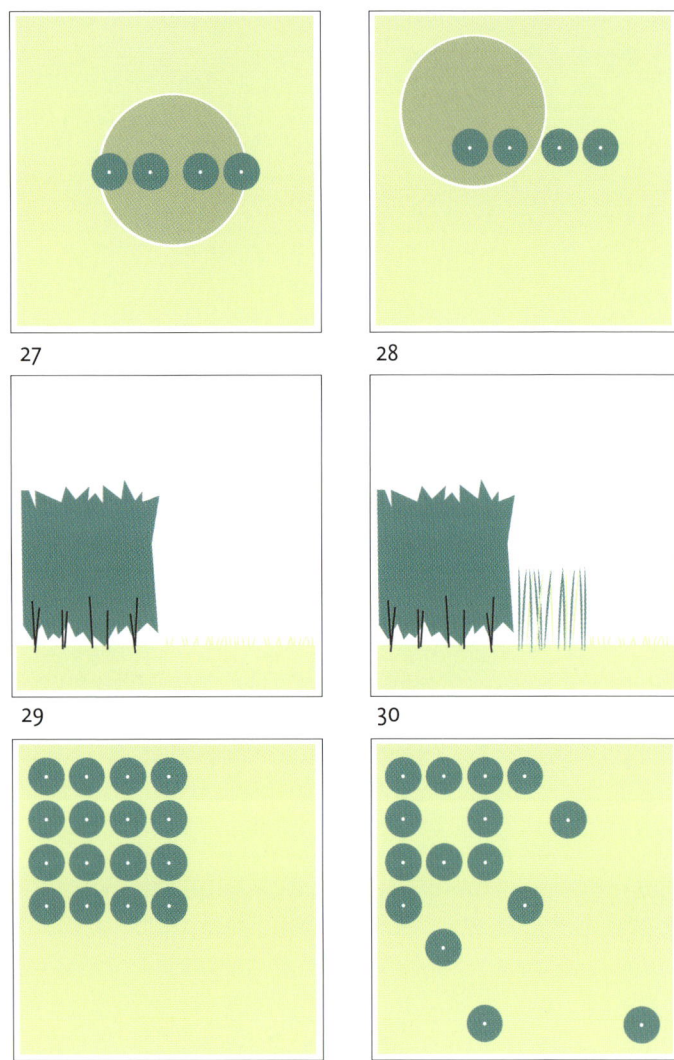

27

28

29

30

31

32

Rhythmus durch
Heckenstrukturen aus
niedrigem Buchs.

Einheit die Gefahr, dass Interesse und
Spontaneität im Entwurf verloren gehen.
Der Aufbau der Symmetrie kann über
gerade oder kurvige Symmetrieachsen
oder auch entlang von Objekten, z. B.
Kreis oder Ellipse, erfolgen (siehe Grafik
Nr. 27–28).

Bei asymmetrischen Anordnungen
wird jedem einzelnen Teil ein unter-
schiedliches Gewicht im Ganzen beige-
messen. Trotzdem sollte auf eine gewisse
Ausgewogenheit geachtet werden, da zu
starke Asymmetrie unbeabsichtigt und
somit nicht mehr nachvollziehbar und
verwirrend wirken kann.

Übergang und Kontrast

Der Übergang von verschiedenen Volumen, Texturen oder Farben kann harmonisch und fließend sein oder abrupt und
in Form von Kontrasten erfolgen. Fließende Übergänge simulieren den lang-
samen Wechsel zwischen verschiedenen
Phänomenen und vermitteln Einheit und

Ruhe. Kontraste entstehen durch die Betonung des Aufeinandertreffens unterschiedlicher Elemente. Sie können wirkungsvolle Effekte erzielen. Mit dem bewussten Einsatz von Kontrasten können Sie auch scheinbaren Problempunkten einer Gestaltung eine interessante Spannung verleihen, anstatt sie zögernd zu kaschieren (siehe Grafik Nr. 29–30).

Konzentration und Auflösung

Die Konzentration von Elementen in einem Gestaltungsgefüge oder in Teilen davon bietet die Möglichkeit, Schwerpunkte zu setzen und die Aufmerksamkeit gezielt zu lenken. Gleichzeitig werden durch den bewussten Wechsel der Dichte von angeordneten Objekten unterschiedliche Räume und Zonierungen definiert (siehe Grafik Nr. 31–32).

Rhythmus

Der Rhythmus spielt nicht nur in der Musik oder Poesie, sondern auch in der Gartengestaltung eine wichtige Rolle. Ein Rhythmus wird in der Wiederholung und Abfolge von Elementen wahrgenommen, beispielsweise bei der Anordnung von Bäumen und Sträuchern oder der Gestaltung eines Zauns. Das Stufenmaß bei der Anlage von Treppen und Verlauf und Oberfläche von Wegen bestimmen den Schrittrhythmus beim Begehen der Anlagen. Der Charakter eines Rhythmus'

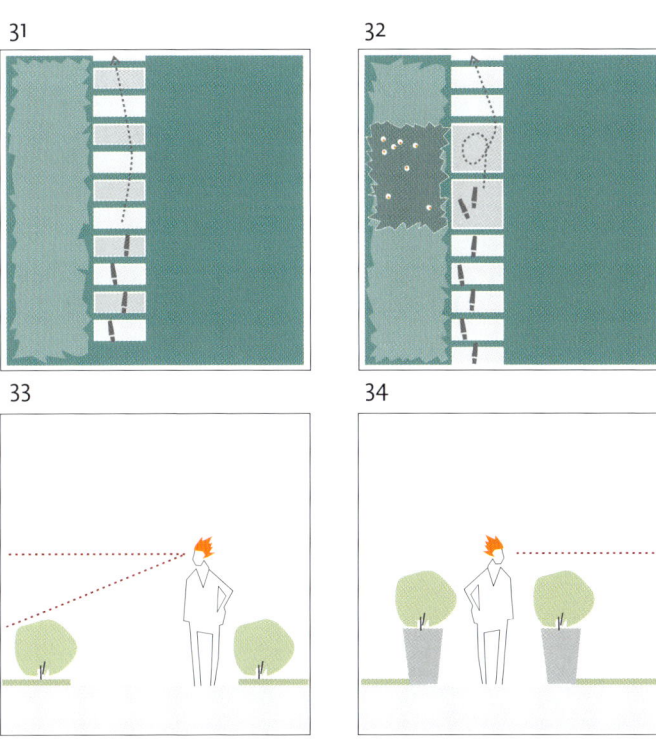

kann fließend oder bewegt sein und sich durch einen regelmäßigen oder unterbrochenen Verlauf unterscheiden. Zusätzliche Spannung wird durch die Variation der im Rhythmus verwendeten Elemente erzeugt (siehe Grafik Nr. 33–34).

Größenverhältnis und Proportion

Größenverhältnis und Proportion nehmen im Garten den menschlichen Körper als Ausgangspunkt und Grundmaß. Das Spiel mit der Größe von Objekten kann dazu verwendet werden, besondere Elemente hervorzuheben – etwa über die unerwartete Vergrößerung oder Verkleinerung eines Objekts. Je kleiner und detailreicher ein Teilraum ausgeführt wird, umso höher ist die darin herrschende Intimität, die in Beengung umkippen kann. Die Arbeit mit großen Dimensionen verschafft einem Freiraum Aufmerksamkeit und zieht diese auf sich. Die Beziehung zum Haus oder der gebauten Umgebung ist in die Dimensionierung der Gartenräume und Elemente mit einzubeziehen.

37 38

Reduktion und Einfachheit

Die Auswahl weniger wirkungsvoller
Elemente und Materialien oder die Reduktion eines Entwurfs auf einfache,
aber aussagekräftige Formen ist fundamental für eine gelungene Gestaltung.
Sind zu viele verschiedene Gestaltkom-
ponenten oder eine hohe Zahl unterschiedlicher Stofflichkeiten und Erschei-
nungsbilder in einer Entwurfslösung
enthalten, verliert sich für den Betrachter
der inhaltliche und formale Zusammenhang. Die Gestaltung ist nicht mehr
nachvollziehbar oder wird nur noch
undeutlich wahrgenommen (siehe Grafik
Nr. 37–38).

Nutzungskonzept

Wer wird den Garten nutzen?

Je nach Alter, Lebensabschnitt oder
persönlichen Interessen sind die Ansprüche an einen Garten verschieden und
können sich im Laufe der Zeit auch
wieder wandeln. Auch wenn im ersten
Moment die Gruppe der Personen, die
sich im Garten aufhalten wird, offen-
sichtlich klar ist, empfiehlt sich eine
genaue Analyse der Personen, ihrer
voraussichtlichen Aufenthaltszeiten und
-frequenzen und auch ein Blick in die

Aufenthalt im Garten

nähere Zukunft. Wird der Garten beispielsweise vorwiegend am Vormittag genutzt, empfiehlt es sich, die entsprechenden Aktivitäten an einem Platz mit Morgensonne zu ermöglichen. Nutzen Kinder den Garten, sollte bereits während des Planungsprozesses die Entwicklung des Gartens mit den sich im Laufe der Zeit wandelnden Ansprüchen der Kinder und Jugendlichen beachtet werden.

Kinder

Für Kinder ist ein Garten oft der erste Ort für die Entdeckung der Natur, in dem die Beobachtung und der Kontakt mit Pflanzen und Tieren stattfindet. Der Garten soll Platz bieten für uneingeschränkte Bewegung und Spiel und ist oftmals täglicher Aufenthaltsort mit Familie und Freunden. Bei der Gestaltung sollte besonders darauf geachtet werden, dass ein Freiraum für Kinder eine Vielzahl von Erfahrungen und mit dem Alter wachsenden Eroberungsmöglichkeiten bietet. Gleichzeitig sollte die Planung für Kinder unnötige Risiken und Unfallgefahren ausschließen. Bei der Entwicklung von Spielgeräten oder maßgefertigtem Mobiliar und der Verwendung bestimmter Pflanzen (mit Stacheln oder Dornen) sollten Sie mögliche Verletzungsgefahren bedenken. Bei der Auswahl der Pflanzen ist Vorsicht geboten, da einige Pflanzen oder einzelne Pflanzenteile (Blüten, Blätter oder Früchte) giftig sein oder allergische Reaktionen provozieren können.

Mit zunehmendem Alter verlagern sich die Interessen und Spielgewohnheiten von Kindern. Steht zu Beginn noch die Sandkiste im Mittelpunkt, gewinnen mit der Zeit und dem zunehmenden Aktionsradius Bewegungs- und Rollenspiele an Bedeutung. Bei der Planung des Gartens sind somit Überlegungen zur Umnutzung von z. B. ehemaligen Sandkisten oder die vielseitige Nutzung befestigter Flächen anzustellen.

Senioren

Bei der Anlage eines Gartens für Senioren empfiehlt es sich, einige Überlegungen zur Erleichterung der Nutzbarkeit und Pflege anzustellen. Erhöhte Beete ermöglichen einen komfortablen Zugang zu Kräutern oder Schnittblumen und vereinfachen die Arbeit. Pflegeintensive Flächen sollten in Größe und Ausgestaltung den Möglichkeiten und Kriterien zur Pflege durch die Gartennutzerinnen und -nutzer entsprechen. Anspruchsvolle Beet- und Staudenpflanzungen erfordern ein hohes Maß an Aufwand und können bei zu wenig Pflege zu frustrierenden Resultaten führen. Ein Gestaltungsgerüst in der Pflanzplanung aus pflegeleichten Blühsträuchern in Kombination mit ausgewählten Bereichen für Saison- und Zwiebelpflanzen kann eine einfach instandzuhaltende Alternative zum Staudengarten sein. Ein automatisches Bewässerungssystem reduziert den Pflegeaufwand im Sommer.

Erhöhte Pflanzbeete mit integrierter Sitzgelegenheit erleichtern den Zugriff.

Barrierefreier Garten

Eine barrierefreie Gestaltung des Gartens kommt nicht nur Personen mit motorischen oder sensorischen Einschränkungen zugute, sondern kann auch in bestimmten Lebensphasen (z. B. mit Kleinkindern, im Alter) von Vorteil sein. Planerisch von Bedeutung sind in erster Linie die Ausführung der Erschließung des Gartens und die Bewältigung von Steigungen. Oberflächenbeläge sollten rutschfest und befahrbar ausgeführt werden. Die Überwindung von Höhenunterschieden sollte, wenn möglich, über Rampen erfolgen und ausreichend ge-

Ruhe und Entspannung unter einer Esskastanie.

Erweiterung des Wohnraums

Im Garten bestehen prinzipiell dieselben Aufenthaltsmöglichkeiten wie im überdachten Wohnraum, einzig die klimatischen Verhältnisse schränken die Nutzung ein. Der Außenraum kann für verschiedene Tätigkeiten ausgestattet werden, wie zum Essen, Ausspannen oder Schlafen. In der Regel werden neben der Erholung auch Arbeiten des Haushalts (z. B. Wäscheaufhängen) in den Garten ausgelagert und sollten von Beginn der Planung in das Nutzungskonzept und die Gestaltung einbezogen werden, um später nicht als störend oder deplaziert empfunden zu werden.

kennzeichnet sein. Hier sind Handläufe hilfreich.

Der Einsatz von Kräutern und Duftpflanzen oder die Arbeit mit den akustischen Eigenschaften der verwendeten Vegetation und Baumaterialien sind Möglichkeiten, um einen Garten auch für seh- oder hörbehinderte Menschen intensiv erlebbar zu machen.

Haustiere im Garten

Haustiere als ständige Besucher eines Gartens sollten bei der Planung der Anlage nicht unbeachtet bleiben, da ihr Verhalten den Freiraum und seine Pflege stark beanspruchen kann und oft deutliche Spuren hinterlässt. So sollte man darauf vorbereitet sein, dass der Hund den Knochen im Rasen vergräbt und die Katze ebenmäßige Kiesflächen durch-

wühlt. Verschiedene Pflanzen können nicht nur für den Menschen, sondern auch für Tiere giftig sein, weshalb die Bepflanzung hinsichtlich ihrer Giftigkeit überprüft werden sollte.

Nutzungsansprüche an den Garten

Im Allgemeinen stellt ein Garten eine Möglichkeit zur Erweiterung des Wohnraumes dar, wobei die Vielfalt der möglichen Tätigkeiten je nach Größe und Ausgangsbedingungen des Außenraums und den persönlichen Vorstellungen stark variieren kann.

Spiel, Sport und Bewegung

Sportliche oder spielerische Betätigungen erfordern Platz im Garten. Vor allem in kleinen Gärten kann über die Möglichkeit der Mehrfachnutzung von Zonen oder einzelnen Gestaltungselementen das Aktionsspektrum im Außenraum erhöht werden. So können beispielsweise Wäschestangen gleichzeitig Fußballtor oder Schaukel sein und Markierungen auf befestigten Oberflächen als Teil der Gestaltung auch Markierungen für Hüpfspiele sein. Besondere Überlegung erfordert die Gestaltung von Bademöglichkeiten im Garten. Da die Badesaison im Freien in Nord- und Mitteleuropa auf wenige Monate im Jahr begrenzt ist und ein Pool relativ viel Raum in Anspruch nimmt, sollten die verschiedenen Vor- und Nachteile einer derartigen Anlage gut abgewogen werden. Ein Schwimmteich stellt eine mögliche, ökologisch wertvolle Alternative zum Pool dar und bietet neben dem Badevergnügen auch die Möglichkeit, Pflanzen und Tiere während des ganzen Jahres zu beobachten.

Ort für gärtnerische Betätigung

Das Erleben der ständigen Veränderungen der Pflanzen, die Freude an den Blüten, Laubfarben und Früchten von Zier- und Nutzpflanzen und botanisches Interesse sind vielen Gartenliebhaberinnen und Gartenliebhabern wichtig. Eine intensive Beschäftigung mit der Vegetation im Laufe der Jahreszeiten findet nicht zuletzt auch über die ständige Gartenarbeit statt, die von vielen eher als Hobby und Ausgleich denn als Belastung empfunden wird. Die Arbeitsbereiche im Garten sind somit zugleich

wichtige Aufenthaltsräume und erfordern eine entsprechend aufmerksame Gestaltung und Platzierung im Garten. Für Werkzeug sollte genügend Lagerraum zur Verfügung stehen. Unter Umständen ist ein witterungsgeschützter Arbeitsplatz, ein Wintergarten oder Gewächshaus von besonderem Interesse und wichtiger Bestandteil im künftigen Garten.

Eigene Produktion von Nahrungsmitteln

Die Produktion von frischen Lebensmitteln auf dem eigenen Grundstück war lange Zeit die wichtigste Aufgabe eines Gartens. Der Eigenanbau von Obst, Gemüse sowie Küchen- und Heilkräutern ermöglicht auch heute eine gewisse Autonomie vom Markt und sichert qualitativ hochwertige Produkte für den täglichen Bedarf. Frische ist ein Argument für die eigene Produktion. Die

Bestellung des privaten Nutzgartens nach ökologischen Prinzipien (unter Verzicht auf chemische Dünge-, Schädlings- und Unkrautvernichtungsmittel) garantiert die Qualität der Ernte. Der Einsatz von qualitativ hochwertigem Saatgut oder die Kultivierung von alten, lokalen Sorten sorgt für Abwechslung am Tisch und unterstützt den Erhalt der Sortenvielfalt.

Möglichkeiten der Gartenbetreuung und -pflege

Eine grundsätzliche Überlegung gilt zunächst der Frage nach dem gewünschten Gesamtaspekt des Gartens, wonach sich auch der erforderliche Pflegeaufwand richtet. Das Ambiente einer reizvollen Gartenanlage steht nicht unbedingt in direktem Zusammenhang mit einer intensiven Pflege. Wichtig ist jedoch, dass das Ausmaß an Pflege dem Charakter der Gestaltung und Pflanzenwahl entspricht. Eine Anlage, deren zentrales Gestaltungselement präzise Schnitthecken darstellen, kann bei fehlender oder unregelmäßiger Gartenarbeit schnell einen verwahrlosten Eindruck machen. Darüber hinaus sollte man überlegen, ob die Instandhaltung des Gartens selbst übernommen werden kann oder ob finanzielle Mittel zur Verfügung stehen, um die Pflege (zumindest in Teilen) jemandem zu übertragen.

Schwimmteich mit Seerosen

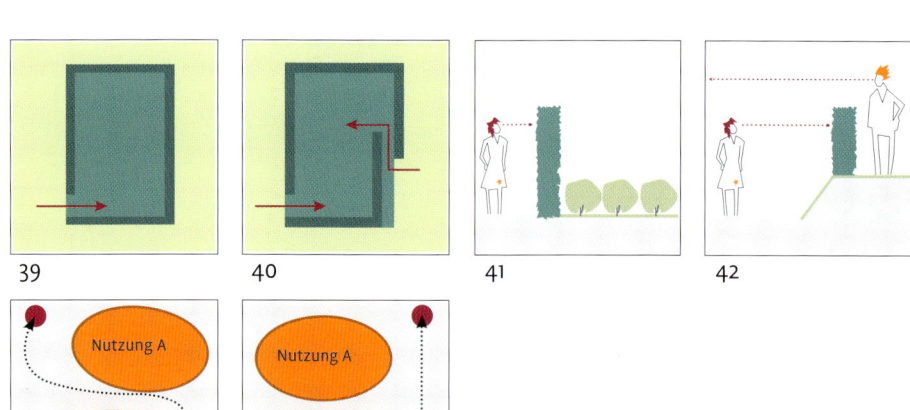

Gemüse- und
Kräutergarten

39   40   41   42

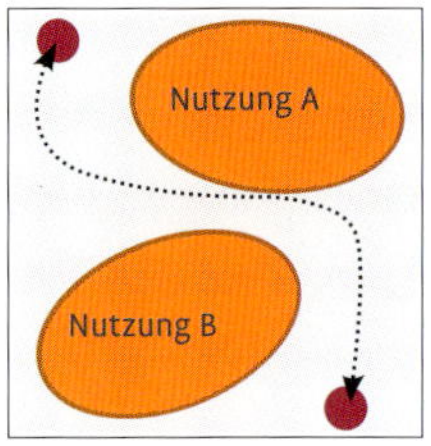

43 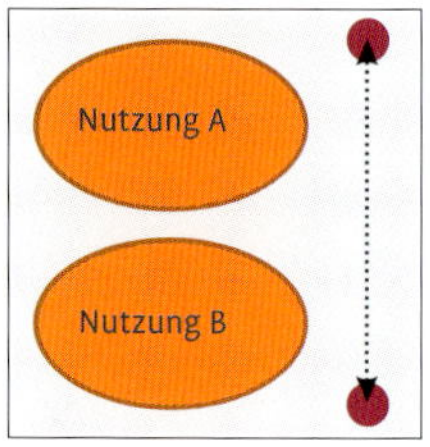   44

Funktionale Beziehungen zwischen Garten und Umgebung

Für die Erstellung des Nutzungskonzepts ist neben den räumlichen Möglichkeiten des Grundstücks und den ganz persönlichen Ansprüchen auch die Beziehung zur Umgebung wichtig.

Ausbildung der Grenzen

Abhängig vom Bestand in der unmittelbaren Umgebung, entsteht die Anforderung an eine durchsichtige oder blickdichte, offene oder geschlossene Grenze des Gartens (siehe Grafik Nr. 39–40).

Einsehbarkeit und Blickbeziehungen

Die Einsehbarkeit des Gartens von angrenzender Bebauung, Nachbargärten, Wegen oder Gehsteigen bestimmt wesentlich die Nutzbarkeit des Freiraums. Während beispielsweise Zonen zum Spiel ein gewisses Maß an Öffentlichkeit vertragen, erfordern Sitz- und Essbereiche mehr Privatheit und Sichtschutz. Umgekehrt können interessante Ausblicke in die Umgebung einem Aufenthaltsort im Garten eine besondere Qualität verleihen (siehe Grafik Nr. 41–42).

Anbindung und Erschließung

Notwendige Verbindungen des Gartens zur Umgebung erfordern lineare Verbindungen über das Grundstück, die mehr oder weniger stark definiert sein können. Bei der Anordnung der möglichen Nutzungsbereiche spielen die Wege durch den Garten eine wichtige Rolle, wobei darauf zu achten ist, in welcher Art und Weise sie mit den verschiedenen Zonierungen zusammentreffen (siehe Grafik Nr. 43–44).

Entwurfsprozess

Die einzelnen Arbeitsschritte beim Entwurfs- und Planungsprozess können in unterschiedlicher Reihenfolge stehen. Die Handlungsanlässe und Schlussfolgerungen können aus unterschiedlichen Motiven und mit verschiedenen „Techniken" erzeugt werden. Hier wird ein einfaches Schema beschrieben, das die Gestaltung aus der Ortsanalyse ableitet und die Inspiration daraus zieht, was die Auseinandersetzung mit dem Bestand und den möglichen Nutzungen ergibt. Diese Vorgangsweise ist gut nachvollziehbar und erklärt den Sinn der einzelnen Überlegungen am besten. In der Bestandsanalyse werden die spezifischen Eigenschaften des Grundstücks oder des zu ändernden Gartens betrachtet. Die Topografie, der Naturraum und der angrenzende bauliche Bestand sind Faktoren, die die zukünftige Gestaltung des Gartens beeinflussen.

Im Laufe des Entwurfsprozesses werden die gewünschten Funktionen und Nutzungen eines Gartens dem konkreten Ort zugewiesen. Ein Leitbild, eine Vision oder eine zentrale Idee führen dabei wie ein roter Faden durch alle Entwurfsphasen und verleihen der Gestaltung Charakter und Klarheit.

Ziel der Gestaltung ist, die gewünschten Nutzungen mit dem Ausgangsort auf sensible Art und Weise innerhalb der natürlichen Rahmenbedingungen zu kombinieren. Jedes Nutzungskonzept geht einher mit unterschiedlichen räumlichen Ansprüchen, die je nach Funktion eindeutig definiert oder weitgehend flexibel sein können. Pools oder Teichanlagen stellen beispielsweise konkrete Anforderungen bezüglich ihrer Ausdehnung, des Geländegefälles und der Ausrichtung dar, während Sitzplätze sehr verschieden gestaltet und in fast jeder Situation problemlos realisiert werden können.

Eine weitere Aufgabe des Entwurfs ist die Lösung und Vermeidung von Konflikten, wenn Möglichkeiten für sich widersprechende Tätigkeiten vorgesehen werden (z. B. Ruhe und Bewegung). Im Entwurfsprozess wird schrittweise die Gestaltung konkretisiert. Ausgehend von der Bestandsanalyse wird zunächst ein generelles planerisches und gestalterisches Konzept für den Garten entwickelt, das in den folgenden Planungsphasen präziser formuliert wird und in Maßstab und Materialien eine genaue Definition erhält.

Phase 1: Konzeption

Ziel dieses ersten Planungsschrittes ist die Formulierung eines klaren, gedanklichen Grundgerüsts für den Entwurf. Dieses Grundgerüst kann als Konzept bezeichnet werden, auf das alle weiteren Schritte aufbauen. Unter Verwendung der Ergebnisse der Bestandsanalyse und der eigenen, subjektiven Wahrnehmung des Ortes erfolgt zunächst die Suche nach einem zentralen Motiv, einem eindeutigen Leitthema für die Gestaltung des Gartens.

Inspiration, Vision und Leitmotiv

Eine durchgehende Idee, ein immer wiederkehrendes Motiv stellt die Basis jeden Entwurfs dar und verleiht der Gestaltung die notwendige Klarheit und den Zusammenhalt. Die Quelle der Inspiration kann dabei ganz unterschiedlich und vielfältig sein – Fundstücke, Eindrücke vom Ort oder dessen Umgebung oder besondere Merkmale des Bestands, aber auch Assoziationen aus Musik, Literatur, Kunst.

Ein überzeugender Entwurf erfolgt nicht willkürlich und ist nicht beliebig auswechselbar, sondern nimmt Bezug auf die Person und den konkreten Ort mit seinen Eigenheiten, für den geplant wird. Was identifiziert einen Ort? Was macht den spezifischen Charakter eines Ortes aus?

genius loci

Unter „genius loci" (lat. genius = Geist; loci = Genitiv von locus = Ort) versteht man den unverwechselbaren Charakter eines Ortes. Die Aufgabe einer Gestaltung liegt nun darin, genau dieses einzigartige Flair aus der Analyse des Bestands und über die persönliche Wahrnehmung zu definieren, um darauf aufbauen zu können.

„Die Kunst, einen Garten zu gestalten, ist zunächst eine Frage der Auswahl und dann der Betonung. Wenn ich irgendwo

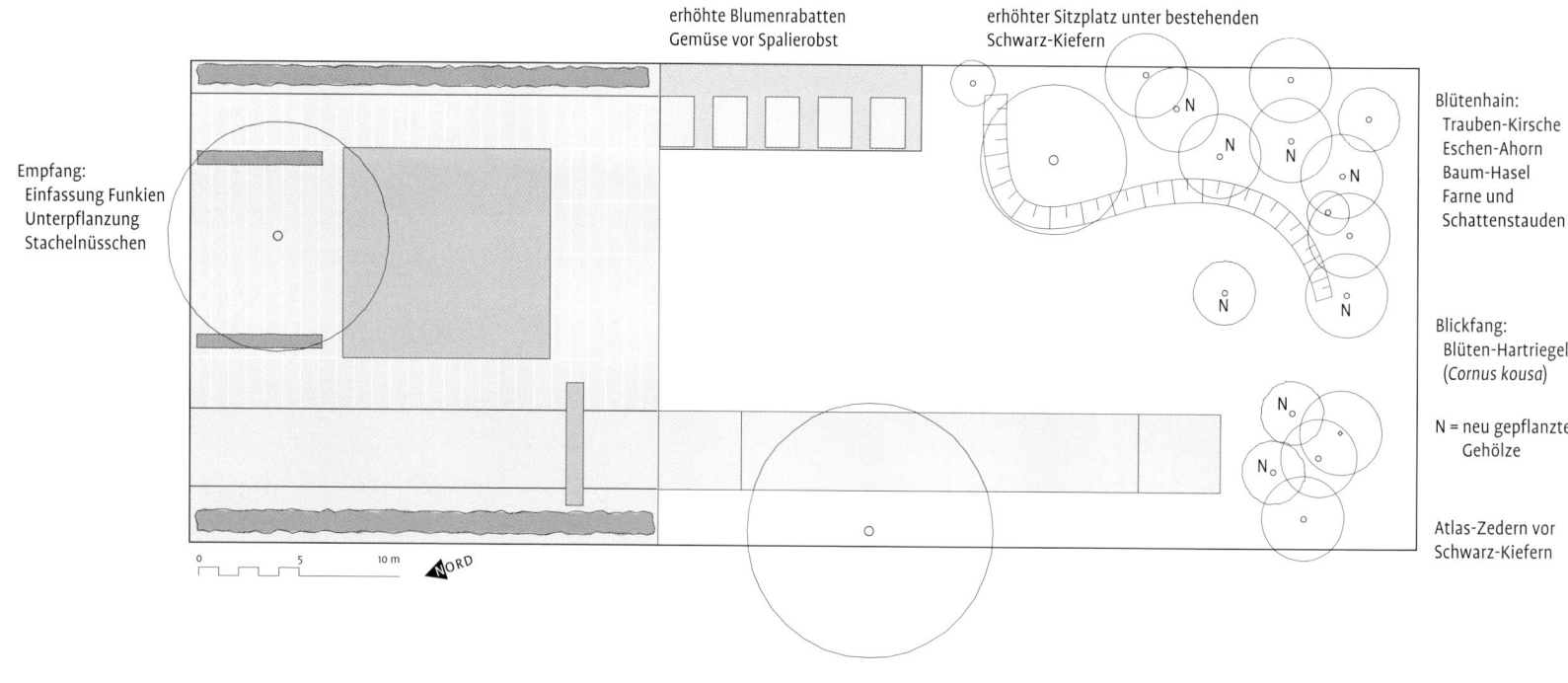

Konzeption eines Wiener Gartens (siehe S. 25 und S. 42)

Das Leitthema wird vom bestehenden Gebäude abgeleitet: klare Geometrie, die sich im Grünen auflöst.

eine Gartenanlage entwerfe, ganz gleich, ob sie groß oder klein ist, so stelle ich alle Merkmale des Geländes zusammen und ordne sie in meiner Vorstellung so, wie ich glaube, dass sie ihrer Wichtigkeit nach geordnet werden müssen."[15]

Sammlung, Konzentration und Interpretation

Zunächst erfolgt die Sammlung von Eindrücken und Inspirationsmomenten für den Garten. Im nächsten Schritt werden die möglichen Ideen auf eine zentrale Aussage konzentriert. Ausgehend davon erfolgt die Formulierung des Leitmotivs und dessen Interpretation in der Gestaltung.

Phase 2: Entwurf

Im folgenden Schritt wird das erarbeitete Konzept in eine maßstabsgerechte Form gebracht und im Detail ausformuliert. Die verschiedenen Teilbereiche des Gartens werden in Größe und Form definiert und es wird die Beziehung der Räume zueinander bestimmt. Im Anschluss erfolgt die Auswahl von Materialien, Pflanzen und Mobiliar und die Entwicklung wichtiger Leitdetails für die spätere Ausführung.

Im Rahmen einer professionellen Gartengestaltung durch ein Landschaftsarchitekturbüro ist diese Planungsphase weiter differenziert (Vorentwurf und Entwurf). Neben den entsprechenden Plan- und Präsentationsdokumenten für den Auftraggeber wird auch eine Grobkostenschätzung für die Umsetzung des Projekts erarbeitet (siehe Seite 44).

Phase 3: Ausführungsplanung

In der Detailplanung wird ein Gartenprojekt bis ins bauliche und gärtnerische Detail definiert und es erfolgt die ausführungsreife Darstellung in Form von technischen Plänen. Zudem werden komplette Ausschreibungsunterlagen erarbeitet, mit dem Angebote für die Ausführung der Arbeiten eingeholt werden können. In der Detailplanung erfolgt eine genauere Kostenschätzung.

Da Planende wie Landschaftsarchitektinnen und -architekten die Ausführung nicht selbst machen, können sie die von Firmen eingeholten Angebote auf Preis und Ausführungsqualität hin neutral prüfen. Diese Prüfung ist eine Qualitätssicherung im Hinblick auf die entwurfsgetreue Ausführung.

Gestaltungs- und Raumkonzept

Organisation und Definition von Räumen

Die unterschiedlichen Raumeinheiten organisieren das Geschehen im Garten und strukturieren den Gesamtraum. Die einzelnen Räume können über ihr „Programm" und die jeweilige Gestaltung definiert sein.

Ein Raum setzt sich aus einer Grundfläche und seiner dreidimensionalen Begrenzung zusammen. In der Landschaftsarchitektur wird die Anordnung und formale Ausgestaltung der Räume eines Gartens maßgeblich von verschiedenen standortbezogenen Faktoren bestimmt. Es bestehen unterschiedliche Möglichkeiten zur Raumbildung. Die Topografie und der Bestand des Grundstücks, die notwendigen Wegebeziehungen und dominanten Sichtbezüge sowie der Bezug des Gartens zu seiner Umgebung und der Architektur bestimmen die Potenziale und Einschränkungen der künftigen Gestaltung.

---

[15] Russell Page (1962), S. 67

Zufahrtsstrasse

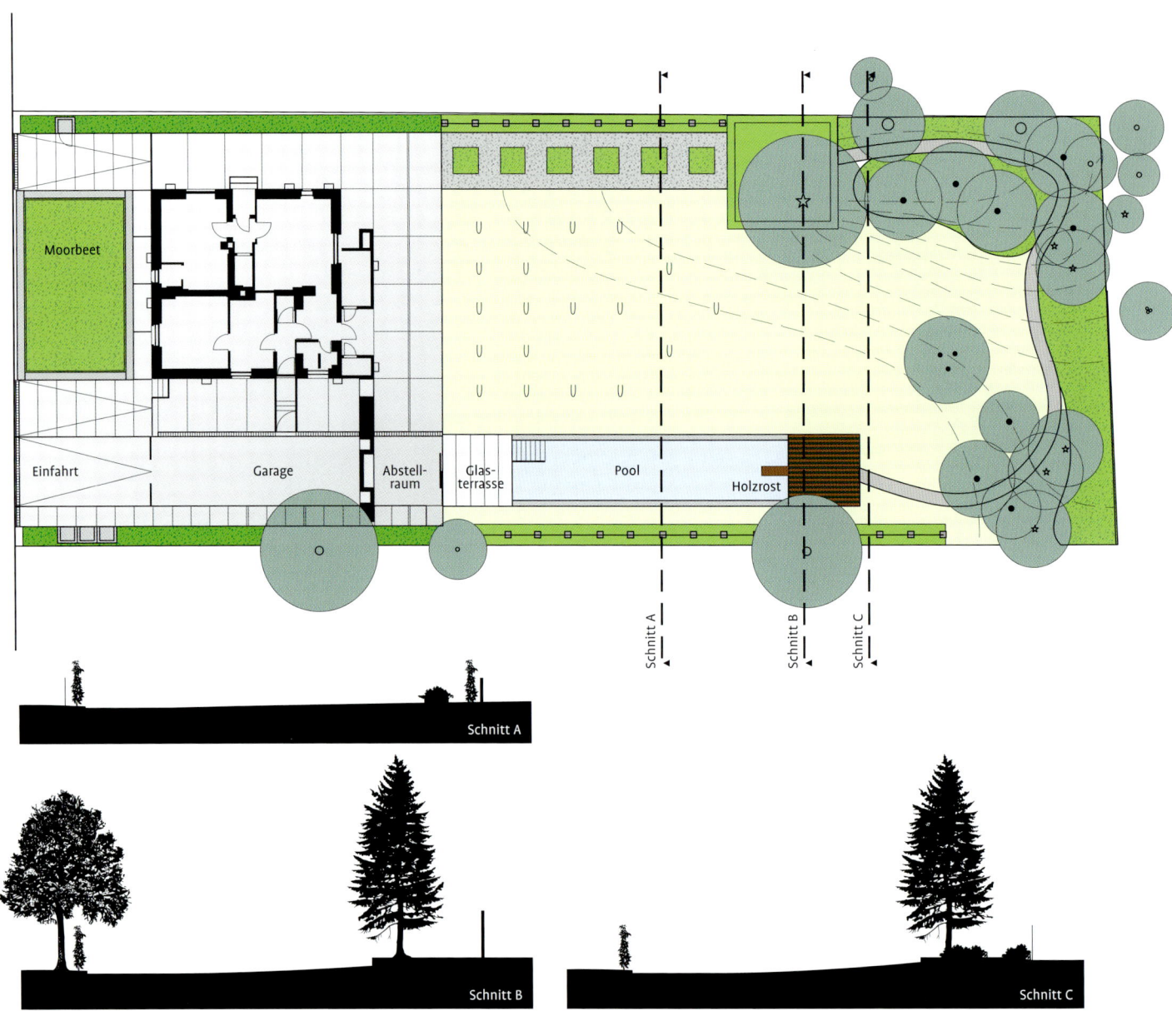

Moorbeet

Einfahrt

Garage

Abstell-raum

Glas-terrasse

Pool

Holzrost

Schnitt A

Schnitt B

Schnitt C

Schnitt A

Schnitt B

Schnitt C

Entwurfsplan eines Wiener Gartens
(siehe S. 25 und S. 40)

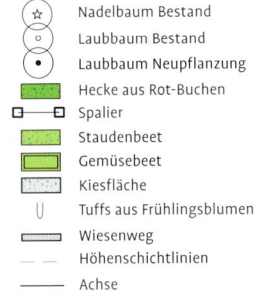

Nadelbaum Bestand
Laubbaum Bestand
Laubbaum Neupflanzung
Hecke aus Rot-Buchen
Spalier
Staudenbeet
Gemüsebeet
Kiesfläche
Tuffs aus Frühlingsblumen
Wiesenweg
Höhenschichtlinien
Achse

Anmerkung: ± 0,00 relative Höhe im Außenraum
entspricht -0,33 relative Höhe im Innenraum

0   1   5   10 m

Garten Wien

Entwurf
PlanNr. 2002 27.04.2001
M 1:100

 NORD

KoseLička, Landschaftsarchitektur
Schottenfeldgasse 41-43 / 30a, 1070 Wien
T+F +43-1-524 01 63
office@koselicka.at
Vermessung: Roland Wück, Helge Schier

Topografie

Das Relief des Grundstücks ist der zentrale Ausgangspunkt für die gestalterische Konzeption des Gartens. Sicherlich sind den Möglichkeiten der Umgestaltung der natürlichen Topografie eines Geländes heute fast keine Grenzen gesetzt. Wird in der Gestaltung auf das vorliegende Relief eingegangen, können Kosten und Folgeaufwand minimiert werden.

Die natürliche Topografie beeinflusst in jedem Fall die Gestaltungsmöglichkeiten in einem Gelände. Die bewusste Schaffung von Höhenunterschieden dient als Instrument zur Definition von Räumen. Um im geneigten Gelände ebene Flächen zu erhalten, können Einschnitte erzeugt, Terrassen angeschüttet oder die beiden Möglichkeiten kombiniert werden. Die Höhensprünge können mit Hilfe von Stützmauern (klar definierter Übergang) oder Böschungen mit mehr oder weniger steilem Neigungswinkel überwunden werden. Räume können im flachen Gelände auch über eine Erhöhung oder Vertiefung erzeugt werden. Während eine Erhöhung das Gefühl von Dominanz und Übersicht bewirkt, vermitteln abgesenkte Bereiche Geborgenheit und konzentrieren die Aufmerksamkeit auf das Geschehen im Inneren (siehe Grafik Nr. 49–55 auf Seite 44).

Raumgliederung
durch Geländestufen

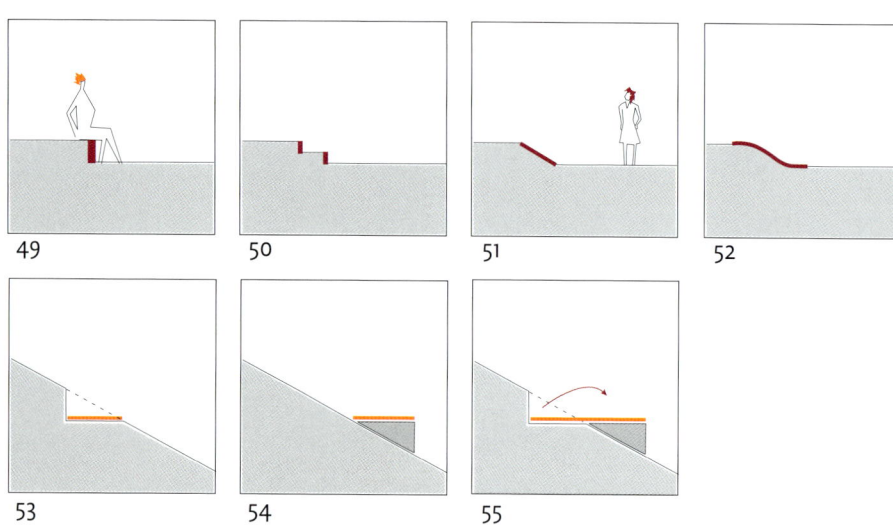

49   50   51   52

53   54   55

Beziehung zur Architektur

Der architektonische Bestand beeinflusst nicht nur funktional, sondern auch gestalterisch das Raumkonzept. Die Achsen von Gebäuden geben Richtungen und Grenzen vor, an denen sich die Freiraumgestaltung orientieren kann. Der formale Bezug zwischen Architektur und Freiraum vereinheitlicht und vereinfacht das Design, schafft Zusammenhalt zwischen Gebautem und dem Garten und vermeidet willkürliche Formen und Ausrichtungen. Darüber hinaus werden durch die Baukörper Volumen definiert, zu denen die Räume im Garten im Verhältnis stehen (siehe Grafik Nr. 56–58).

Wege

Die linearen Verbindungen in einem Garten sind in mehrfacher Hinsicht von gestalterischer Bedeutung. Zum einen fragmentieren die Wegeverbindungen Räume, zum anderen findet entlang der Wege ein Erleben des Freiraums in wechselnden Sequenzen statt.

Der Verlauf eines Weges wird in erster Linie über die zu verbindenden Ein- und Ausgänge der Gebäude sowie die notwendigen Anbindungen des Grundstücks an die Umgebung bestimmt. Weiterhin bestimmt die Höhenentwicklung des Grundstücks den Verlauf von Wegen durch den Garten. Wird eine Steigung über Stufen überwunden, so ist der dafür notwendige Weg wesentlich kürzer als beim Einsatz von Rampen. Der Verlauf

Sichtbezüge

○ Sichtbezüge nach außen: Die wichtigen Sichtbezüge innerhalb eines Grundstücks und zu seiner Umgebung sind zentrale Faktoren für die Raumanordnung und die Art der Ausbildung der Raumgrenzen. Sind die zentralen Blickverbindungen definiert, können mit der Gliederung der Teilräume Aussichten potenziert oder als zentrale Attraktion in den Mittelpunkt eines Bereichs gestellt werden. Bei der Ge-

staltung der Grenzen sollte darauf geachtet werden, dass keine wichtigen Sichtbezüge durch hohe oder breite Elemente unterbrochen werden.

○ Sichtbezüge nach innen: Umgekehrt wird über die Aufteilung und Begrenzung der Räume auch die Einsehbarkeit der Aufenthaltsbereiche im Garten von außerhalb kontrolliert und es können geschützte und intime Bereiche definiert werden (siehe Grafik Nr. 67–70).

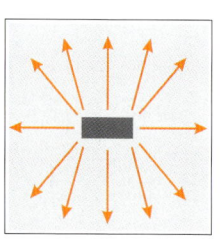 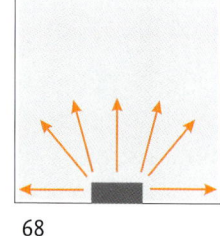 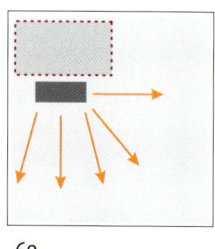 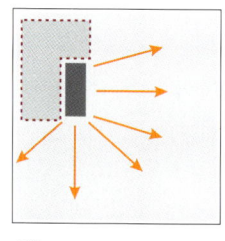

67   68   69   70

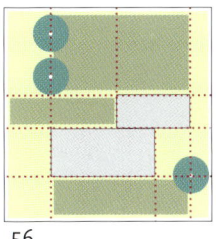
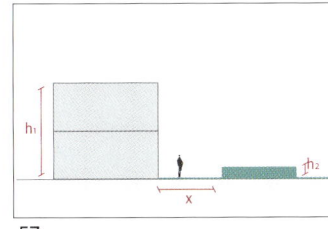
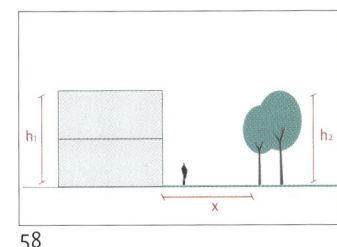

56   57   58

des Weges kann einerseits Räume gliedern oder unterschiedliche Erlebnisse bieten, er sagt aber auch etwas über die Hierarchie des Weges selbst aus: Gerade Verbindungen sind von größerer Bedeutung, breite Wege ebenfalls. Auch die zu erwartende Gehfrequenz entscheidet über die Art des Verlaufs, die Breite und die Definition der Wegbegrenzung. Ein breiter, geradliniger Weg entspricht einer stärker frequentierten Gehverbindung, die rasch und häufig begangen wird. Hingegen wirken ein geschwungener Verlauf und eine reduzierte Breite entschleunigend und bieten beim Begehen eine größere Vielfalt an Erlebnissen (siehe Grafik Nr. 59–62).

Grenzen

Grenzen können über bauliche Elemente, den Einsatz von Mobiliar oder Pflanzen definiert werden. Die Wahl des verwendeten Materials, der Proportion und Transparenz der Grenzen sind die möglichen Variablen, um ein bestimmtes Raumgefühl hervorzurufen.

   Die Proportion zwischen der Fläche und der Höhe der Grenzen sind dafür verantwortlich, ob ein Raum als beengend, geschützt, offen oder überdimensional wahrgenommen wird. Über die Durchlässigkeit der Grenzen wird die Beziehung des Raums zu seiner Umgebung gesteuert. Die Verbindung zwischen innen und außen kann nur visuell sein oder durch Unterbrechungen der Grenzen auch passierbar sein. Bauliche Elemente wie beispielsweise Mauern

Die niedrige Natursteinmauer fängt den Geländesprung auf und markiert die Grenze zwischen Beet und Spielbereich.

stellen eine massive Form der Begrenzung dar. Die Stärke der Wahrnehmung variiert jedoch mit der Höhe, der Unterbrechung oder Perforierung sowie der Textur und Farbgebung der Einfassung. Pergolen, Zaunelemente, Beleuchtungskörper oder andere Ausstattung können ebenfalls dazu verwendet werden, Grenzen zu markieren oder auch nur anzudeuten. In der Art der Gestaltung besteht die Möglichkeit, die Elemente den ästhetischen und funktionalen Anforderungen entsprechend zu definieren. Bei der

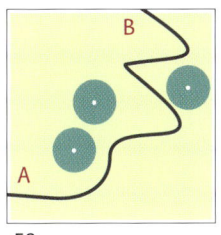
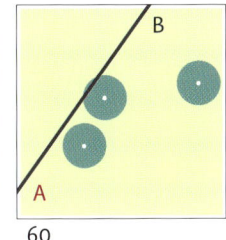
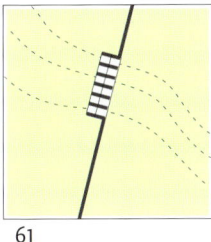
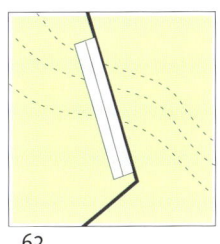

59   60   61   62

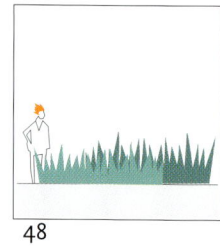

45   46   47   48

Verwendung von Vegetation zur Begrenzung von Räumen sollte man bei der Auswahl die charakteristischen Eigenschaften der Pflanzen, wie Entwicklung der Höhe und Breite, Wuchsform und Textur, beachten. Während man mit Sträuchern dichte Hecken aufbauen kann, markieren hochstämmige Bäume eine starke, aber passierbare Raumgrenze. Die Jahreszeiten lassen Laubbäume und Sträucher in Erscheinungsbild und Raumwirkung variieren (siehe Grafik Nr. 45–48).

Beziehung und Organisation von Räumen

Raumbezüge

Verschiedene Räume eines Gartens treten sowohl zueinander als auch zum gesamten Grundstück in Beziehung – visuell, ästhetisch, funktional oder über den Verlauf der erforderlichen Wegeverbindungen. Die Anordnung der Teilräume auf dem Grundstück bestimmt auch deren Bezug zu den Außengrenzen des Gartens und der Umgebung. Je näher ein Raum an den Rand des Grundstücks rückt, umso stärker müssen die Raumgrenzen ausgebildet werden, sofern Intimität gewünscht ist. Durch ein deut-

liches Abrücken von den Rändern schaffen die Pufferflächen Distanz und eine Abgrenzung kann auf subtilere Art und Weise erzielt werden. Die symmetrische Anordnung zweier gleichwertiger Räume vermittelt Gleichgewicht und Ruhe in der Gestaltung. Mehr Spannung erzeugt die asymmetrische Verteilung oder die Überschneidung der beiden Teilräume im Garten. Die Veränderung der Dimension schafft zudem ein interessantes Verhältnis von Gewicht und Gegengewicht zwischen den beiden Bereichen (siehe Grafik Nr. 75–77).

Raumpositionen

Das Setzen von Schwerpunkten in einem Raum ist sowohl für die rein visuelle Wahrnehmung der Teilräume als auch für das Raumgefühl bei der Nutzung der Bereiche von Bedeutung.

Eine Sitzgelegenheit in der Raummitte rückt das Objekt ins Zentrum und ermöglicht die Kontrolle über alle Seiten, steht aber auch im Mittelpunkt der Aufmerksamkeit. Die zentrale Lage des Objekts erzeugt keine permanente „Schattenzone".

Von der Mitte einer Raumseite kann der gesamte Raum gut überblickt werden – mit der Begrenzung im Rücken ist der Besucher immer sicherer Beobachter der Lage. Wird das Sitzobjekt von der Mitte versetzt und mit Abstand von den Grenzen im Raum plaziert, entstehen immer entgegen dem Hauptblickwinkel

75   76   77

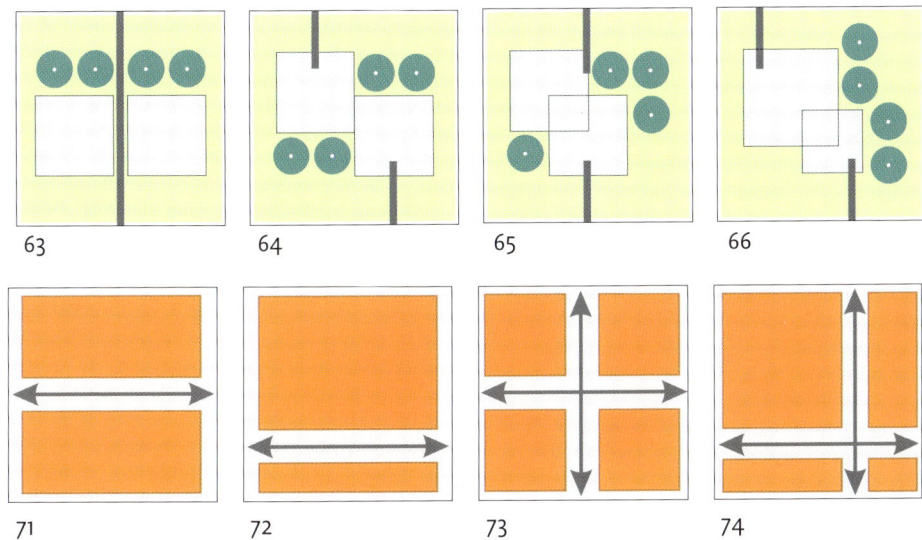

63   64   65   66

71   72   73   74

Farbkonzept

Um die Wahrnehmung eines Entwurfs als Einheit zu erzielen, ist in der Gartengestaltung – wie in jeder anderen Gestaltungsdisziplin – die Auseinandersetzung mit Farbe erforderlich. Mit Farben kann auf visueller Ebene Aufmerksamkeit im Entwurf erzeugt oder ein Zusammenhang zwischen einzelnen Elementen hergestellt werden. Der gezielte Umgang mit Farben verstärkt die Aussagekraft und unterstreicht die

„Rückenbereiche", die nicht eingesehen werden können und unter Umständen ein Gefühl der Unsicherheit oder Exponiertheit auslösen (siehe Grafik Nr. 63–66).

Raumteilung

Die Teilung von Räumen kann über sich kreuzende Verbindungen, aber auch über einen Wechsel oder die Markierung von Bodenbelägen erfolgen. Diese Zonierung strukturiert und gliedert Räume und sorgt für eine stärkere Detaillierung der Gestaltung. Während durch symmetrische Unterteilungen gleichwertige Areale geschaffen werden, entstehen bei einer asymmetrischen Fragmentierung Zonen unterschiedlicher Größe sowie verschiedener Raumqualität und Nutzungsmöglichkeit (siehe Grafik Nr. 71–74).

Die Landschaftsarchitekten Bittkau-Bartfelder verlängern die Stellstufen aus Holz in die Geländeterrassierung.

Rotes Herbstlaub von Gräsern und Gehölzen setzt kräftige Farbakzente im Garten vom Planungsbüro Raderschall.

zeigt zum Zeitpunkt des Blattaustriebs im Frühjahr andere Farbschattierungen als im Sommer und beim Laubfall im Herbst. Blüten und Früchte bestimmen je nach Farbe und Intensität als punktuelle Ereignisse das Erscheinungsbild der Pflanzen. Bei der Farbgestaltung mit Vegetation sollte der Planende Dauer und wahrgenommene Intensität der Farbereignisse berücksichtigen.

Starke Akzente

Die starke Blüte einer Säulen-Kirsche (*Prunus serrulata* 'Amanogawa') im Frühjahr oder die auffallende Färbung eines Amberbaums (*Liquidambar styraciflua*) im Herbst sorgen für kräftige Akzente im Garten und machen die Pflanzen für ein paar Wochen zu Hauptdarstellerinnen. Damit solch starke Effekte zur Wirkung kommen, ist eine gezielte Platzierung der Pflanzen und die sorgfältige Abstim-

Bedeutung einer Gestaltung. Die Farbpalette in der Landschaftsarchitektur wird durch die Arbeit mit lebenden Elementen und um den Faktor Zeit erweitert.

Amberbaum (*Liquidambar styraciflua*) in kräftiger Herbstfärbung.

Farbwirkung der Vegetation

Die Farben der vegetativen Elemente treten nicht nur in unterschiedlichen Pflanzenteilen (Laub, Blüten, Früchte, Rinde) in Erscheinung, sondern verändern sich außerdem im Laufe der Jahreszeiten. Die Belaubung sommergrüner Pflanzen

Lavendel (*Lavandula angustifolia*) in Blüte Ton in Ton mit der rosafarbenen Wand.

Stechpalme (*Ilex rubricaulis* 'Aurea') mit weißbunt panaschierten Blättern.

Leuchtendrote Früchte des Feuerdorns (*Pyracantha coccinea*)

mung mit anderen Farbereignissen unbedingt notwendig.

Die wahrgenommene Intensität von Blüten, Blättern oder Früchten ist auch abhängig von der Entfernung, Dichte und Anzahl der dafür verantwortlichen Pflanzen sowie deren Hintergrund und Umgebung.

Intensität der Wahrnehmung

Die kleinen weißen Blüten der Zier-Birne (*Pyrus calleryana* 'Chanticleer') sind von Nahem gesehen schneeweiß. Aus der Ferne betrachtet und in Kombination mit dem austreibenden Laub verblasst das

Weiß jedoch und die Blüte erscheint weniger auffällig. Der Eindruck eines Farbeffekts wird zudem wesentlich verstärkt durch die Vervielfachung der jeweiligen Elemente. Blüht eine Pflanzung von zehn Lavendelsträuchern, wird auch aus der Entfernung eine starke Farbe wahrgenommen, während die Blüte eines einzigen Exemplars vorwiegend in isolierter Stellung oder durch eine auffallende Größe der einzelnen Pflanze Bemerkung findet.

Hintergrund

Die Wahl des Hintergrunds für eine Pflanzung ist vor allem bei der Arbeit mit hellen Farben von Blüten und Blättern von Bedeutung. Pflanzen mit panaschierten Blättern oder gelblaubige Varietäten sorgen für interessante Blickpunkte im Schatten oder in der Umgebung dunkellaubiger Vegetation. An vollsonnigen Standorten und in Kombination mit klaren Tönen können dieselben Pflanzen den gegenteiligen Eindruck erzielen und mitunter auch als kränklich wahrgenommen werden.

Der Farbkalender für die Vegetation

Im Farbkalender werden der Zeitpunkt, die Dauer und die Farbe von Blüte, Laub und ausgeprägtem Fruchtschmuck der Vegetation im Garten vermerkt. Ebenso können die je nach Jahreszeit auffallenden Farben von Blättern oder Rinden in Form von Kalendern dargestellt werden. Somit können die Farbereignisse in der Vegetation während des ganzen Jahres überblickt werden. Mit Hilfe des Farbkalenders kann eine kontinuierliche Farbwirkung im Garten geplant und die zeitliche Überschneidung von Blühphasen und Laubfarben gezielt aufeinander abgestimmt werden. Eine übersichtliche Aufbearbeitung kann in Form von Diagrammen nach Monaten oder Jahreszeiten erfolgen. Über die Kolorierung der Pflanzpläne nach Jahresverlauf erfolgt neben der zeitlichen Analyse auch eine detaillierte räumliche Darstellung der Farbereignisse im Garten (siehe auch Seite 86ff.).

Winter

Der Winter ist die Jahreszeit mit einem wesentlich eingeschränkteren Farbspektrum in der Vegetation. Der Einsatz von Pflanzen mit auffallender Färbung der Rinde (z. B. Sibirischer Hartriegel, *Cornus alba* 'Sibirica', Tibet-Kirsche, *Prunus serrula*) oder kräftig gefärbten Früchten (z. B. Feuerdorn, *Pyracantha coccinea*) sorgt jedoch auch in dieser Jahreszeit für Farbe im Garten. Das trockene Blattwerk und die Blütenstände der Ziergräser geben dem Garten von Herbst bis zum Rückschnitt im späten Winter Struktur und Farbe. Die Braun- und Goldtöne der Gräser verblassen zwar mit dem ersten Frost, vor einem dunklen, immergrünen Hintergrund kommen die trockenen Gräser jedoch bis in den Winter hinein zur Geltung.

Farbe der Materialien

Der gezielte Einsatz von Farbe bei Bodenbelägen, baulichen Elementen und Ausstattung im Garten stellt eine der fundamentalen Aufgaben in der Gartenplanung dar. Die Auswahl von Materialien und Farben sollte unbedingt mit Hilfe von Mustern der Baustoffe und Farben und wenn möglich vor Ort erfolgen. Gerade bei der gemeinsamen Verwendung von

Die Natursteinplatten der Mauer dienen als Hintergrund für die jahreszeitlichen Veränderungen des Zierweins (*Parthenocissus tricuspidata* 'Veitchii').

Be- und Verarbeitung desselben Materials erzeugen unterschiedliche Farbwirkungen.

natürlichen Materialien und künstlichen Baustoffen empfiehlt sich die Prüfung von Kombinationen anhand von Materialmustern.

Schattierungen

Über die Verwendung eines einzelnen Materials in verschiedenen Erscheinungsformen und Texturen entstehen subtile Farbvariationen innerhalb eines spezifischen Farbtons. Die Farbe eines Natursteins variiert beispielsweise je nach Oberflächenbehandlung und Verwendungsform. Die Kombination von Granitplatten mit gesägter und sandgestrahlter

Oberfläche und Splitt des gleichen Steins ermöglicht farbliche Differenzierungen mit nur einem einzigen Material.

Veränderungen der Farbe

Gerade bei der Arbeit mit Wasser sollte die Veränderung des Farbeindrucks von Materialien bedacht werden. In nassem und trockenem Zustand kann die Farbe von Materialien (z. B. Naturstein) deutlich variieren und sollte beispielsweise bei der Materialwahl für Brunnen berücksichtigt werden.

Prinzipien zur Farbverwendung

Inspiration zur Farbe

Je nach Gestaltungskonzept sind verschiedene Begründungen bzw. Motivationen für die Farbgebung in einem Garten möglich. Die Wahl der Farben kann durch ein bestimmtes Leitthema, die Verwendung spezifischer Materialien und Pflanzen oder persönliche Vorlieben motiviert sein. Für einen schlüssigen Entwurf ist in erster Linie die klare Nachvollziehbarkeit des Farbkonzepts notwendig.

Farbleiste für einen Wiener Garten (siehe auch S. 25, 40, 42 und 55)

Anzahl

Es empfiehlt sich, die Anzahl der in einem Projekt verwendeten Farben auf maximal fünf verschiedene zu beschränken. Eine zu große Vielfalt an Farben wirkt verwirrend und es kann kein Zusammenhang wahrgenommen werden.

Kombinationen

In der Landschaftsarchitektur erfolgt die Gestaltung ebenso wie in anderen Disziplinen nach den universellen Prinzipien von Harmonie und Kontrast in der Farbgebung. Harmonische Farbkombinationen wirken beruhigend und vereinheitlichend. Farbharmonien kann man durch die Kombination von im Farbkreis aufeinanderfolgenden Farbtönen oder innerhalb der kalten oder warmen Farbpalette erzeugen.

Mit Kontrasten kann man Inhalte und Elemente gezielt betonen. So kann man innerhalb einer Gestaltung Spannung und Aufmerksamkeit erreichen. Um Kontraste zu erzielen, können entweder im Farbkreis einander gegenüberliegende

(komplementäre) Farben oder warme mit kalten Tönen kombiniert werden. Harmonische Farbdreiklänge und -vierklänge können Sie über die Eckpunkte eines imaginären gleichseitigen Dreiecks oder Quadrats ermitteln, das über den Farbkreis gelegt wird. Die so entstandenen Farbkombinationen sorgen für deutliche Differenzierung und Betonung innerhalb einer Gestaltung ohne Verlust des gestalterischen Zusammenhangs.

Faktor Zeit

Als zusätzlicher Faktor bei der Farbgebung kommt bei der Gestaltung mit Pflanzen die Zeit hinzu. Pflanzliche Elemente zeigen jahreszeitlich bedingte Veränderungen ihrer Farbe, Ereignisse wie die Blüte oder die Färbung des Laubs sind auf bestimmte Zeiträume beschränkt.

Proportion

Neben der gezielten Auswahl der zu verwendenden Farben ist die Dosierung der einzelnen Töne in der Komposition von Wichtigkeit.

Über die Unterscheidung der Farbanteile werden Hintergrund und zentrale Basisfarben definiert, die das Design vereinheitlichen, sowie Akzente gesetzt, die Spannung erzeugen und die Aufmerksamkeit auf sich ziehen. Mit dem reduzierten Einsatz kräftiger Farben können Blickpunkte definiert werden, während eine immer wiederkehrende Grundfarbe dazu beiträgt, die verschiedenen Elemente einer Gestaltung zueinander in Verbindung zu setzen.

Die Farbleiste

In der Farbleiste werden die zentralen Farben einer Gestaltung in den verwendeten Verhältnissen dargestellt. Über die grafische Darstellung werden die Hintergrund-, Basis- und Akzentfarben deutlich lesbar.

Materialkonzept

Ein wichtiger Teil des Entwurfskonzepts ist die Auswahl und Kombination der Materialien für die horizontalen und vertikalen Oberflächen im Garten. Die Wahl der verwendeten Baustoffe erfolgt nach verschiedenen Faktoren, wobei ein eindeutiges Konzept erkennbar sein sollte. Die Nutzungsmöglichkeiten des Gartens, Pflegeansprüche der Materialien und deren Haltbarkeit sowie Kosten und visuelle Qualität sind dabei die wichtigsten Kriterien.

Horizontale Oberflächen

Die horizontalen Oberflächen sind nicht nur von visuellem Interesse, sondern definieren auch Art und Weise der darauf stattfindenden Aktivitäten. Der Bodenbelag kann als zurückhaltender Hintergrund einzelne Elemente zueinander in Verbindung setzen und somit das Gesamtbild einer Gestaltung vereinheitlichen. Über den Wechsel von Textur, Material oder Farbe können Zonen bewusst betont oder voneinander getrennt werden.

Textur

Generell werden Flächen mit kleinteiligen Texturen als einheitlich wahrgenommen. Die Form und Topographie der Fläche werden gut sichtbar und die sich darauf befindlichen Elemente betont. Je grober die Textur einer Oberfläche, umso stärker tritt diese selbst in den Vordergrund, während Geländemodellierungen und einzelne Objekte in den Hintergrund treten.

Geschwindigkeit

Das Material des Bodenbelags bestimmt, in welcher Geschwindigkeit die Fortbewegung darauf erfolgen kann, und visualisiert die Art und Richtung der möglichen Aktivitäten. Feste und glatte Oberflächen wie Plattenbeläge aus Natur- oder Kunststein, Ortbeton oder bituminöse Beläge können gut begangen und befahren, einfach gepflegt und bei strenger Witterung freigehalten werden, womit sie den Ansprüchen von stärker frequentierten Wegeverbindungen gerecht werden. Mit Rundkies oder Splitt befestigte Flächen geben hingegen ein langsameres Bewegungstempo vor und eignen sich gut für Aufenthaltsbereiche.

Proportion und Maßstab

Darüber hinaus vermittelt der Bodenbelag dem Betrachter Proportion und Maßstäblichkeit über dessen Korngröße bzw. Steinformat sowie über die Verwendung ein oder mehrerer Materialien. Kleinformatige Einheiten in einer Gestaltung wirken entschleunigend und wecken Interesse am Detail. Dazu können beispielsweise Granitstein, Klinker oder Betonpflasterstein verwendet werden. Großformatige Beläge aus Natur- oder Betonsteinplatten lassen Flächen größer und prominenter erscheinen. Bei durch-

Differenzierung horizontaler Flächen

Einheitliche Materialien für unterschiedliche vertikale Flächen.

gehenden Belägen wie Ortbeton oder Asphalt entscheiden die Lage, Orientierung und Ausführung der Dehnfugen über das Erscheinungsbild der Fläche.

Übergänge

Auch der Wechsel zwischen den Belägen bedarf einer sorgfältigen Definition. Je nachdem, wie die Trennlinie wahrgenommen werden soll, entscheidet sich der Einsatz von Material für die Ausbildung der Grenze zwischen zwei Oberflächen. Mit Pflastersteinen können deutliche Linien erzeugt werden, Bordsteine er-

möglichen zudem die Unterscheidung zwischen zwei Bodenbelägen über einen Wechsel des Niveaus. Der Einsatz von Metallkanten erzeugt feine, aber präzise Trennlinien.

Vertikale Oberflächen

Eine einheitliche Materialsprache schließt neben den Bodenbelägen auch die Ausführung sämtlicher anderer baulicher Elemente in die Gartengestaltung ein. Dazu gehören Mauern, Zäune und andere Begrenzungen, spezielle Elemente wie Wasserbecken, Brunnen oder Pflanzbeete sowie das Mobiliar (z. B. Sitzgelegenheiten, Pergolen, Beleuchtungselemente). Mit der Abstimmung der verwendeten Materialien soll eine interessante Variation erreicht werden, dabei das Entwurfskonzept eindeutig lesbar bleiben. Die Kombinationen können nach Art der Materialien sowie deren Farbe, Textur oder Format erfolgen. Besonders interessant ist die Verwendung ein und desselben Materials in verschiedenen Erscheinungsformen. So kann ein Naturstein in einem Projekt als Plattenbelag, kleinformatiges Pflaster, als Mauerverkleidung und in Form von Kies zum Abdecken von Pflanzflächen verwendet werden.

Die Materialkarte

Ein anschauliches und hilfreiches Werkzeug zur Auswahl der Materialien für ein Gartenprojekt ist die Erstellung einer Materialkarte. Dazu werden, wenn möglich, Muster aller zu verwendenden Materialien (z. B. Bodenbeläge, Mulchmaterialien, Holz, Textilien, Farbproben) zusammengestellt. Sollten keine Muster zur Verfügung stehen, kann auch mit Referenzbildern, Kataloginformation oder ähnlichem gearbeitet werden. Die gemeinsame Anordnung der gesammelten Muster ermöglicht es, die verschiedenen Baustoffe, Farben und Texturen in der Gesamtheit zu betrachten und in Einklang mit dem Entwurfskonzept zu bringen.

Darüber hinaus können den einzelnen Materialien, ähnlich wie bei der Farbleiste auf Seite 52, je nach ihrer prozentualen Verwendung im Projekt korrespondierende Farbflächen zugewiesen werden. Die erstellte Verteilung macht deutlich, welche Baustoffe die Basis der Gestaltung darstellen und womit Akzente gesetzt werden können. Beim Arbeiten mit digitalen Referenzbildern können die gleichen Diagramme noch detaillierter mit den Abbildungen der Materialien erzeugt werden.

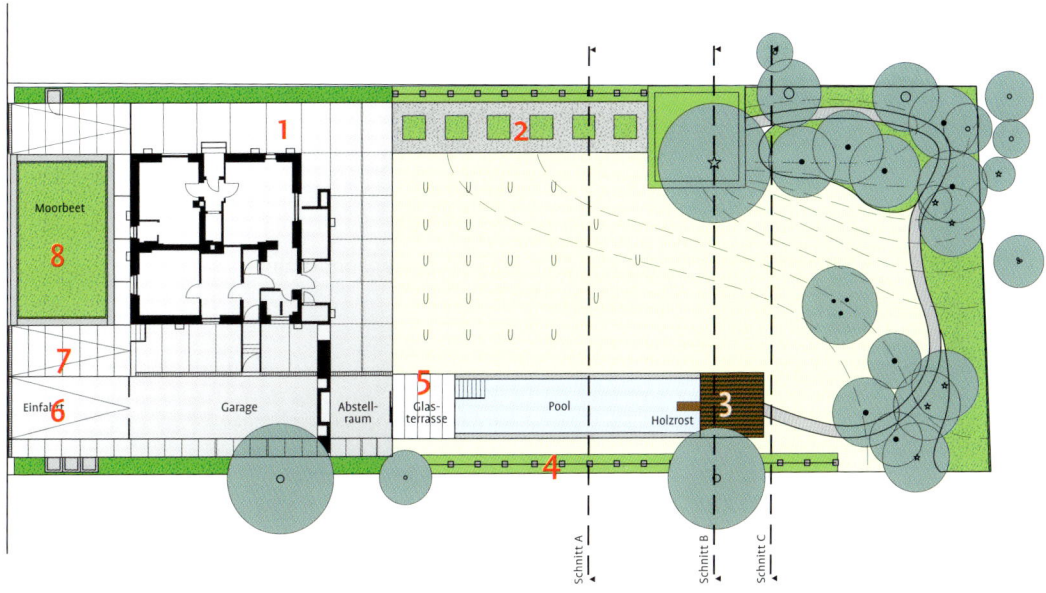

1   7   6   5 8   2   3   4

1 Ortbetonfelder mit Besenstrich und Rasenfuge
2 Gewaschener Rundkies
3 Douglasie gehobelt
4 Stahlspalier, pulverbeschichtet, anthrazit
5 Sicherheitsglas über einer Betondecke, gestockt (wegen Rutschgefahr)
6 Einfahrtsrampe Ortbeton
7 Rampe aus Ortbetonfeldern mit schmaler Sandfuge
8 Betoneinfassung mit Schriftzug aus Negativrelief, gestrichen

Plan, Materialkarte und Farbleiste eines Wiener Gartens (siehe S. 25, 40, 42 und 52)

Gestaltungselemente

Gärten bestehen aus harten und weichen Materialien: „Hardscape" und „Softscape". Der Auswahl von Materialien und Pflanzen kommt eine grundlegende Bedeutung zu. Durch die Materialsprache wird die Ausstrahlung des Gartens definiert. Materialien sprechen für oder gegen die grundlegende räumliche Gestaltung.

Struktur und Form

Entsprechend der Einteilung in „harte" und „weiche" Gestaltungselemente sind Materialbeschaffenheit, Geometrie und Präzision der Gestaltung zuzuordnen. Ein Staudenbeet, das der weichen Landschaftsseite zuzuordnen ist, kann keiner ebenso exakten Geometrie folgen wie ein geschnittener Granitstein. Es können entweder beide Teile auf die Architektur abgestimmt werden oder nur eines der beiden, in dem etwa für die harten Elemente das gleiche Material verwendet wird wie in der Fassade des Hauses. Gartenräume entstehen durch die Einteilung in gewisser Form und Struktur. Das Grundgerüst des Gartens ist die wichtigste Festlegung, da dieses alle zukünftigen Anpassungen und Änderungen mittragen muss. Es entspricht dem Charakter des Grundstückes und bestimmt weitgehend, für welche Materialsprache sich der Gestalter entscheidet. Ansprechende Gärten sind häufig weniger an hervorragenden Einzelelementen oder Solitärpflanzen zu erkennen. Sie sind vielmehr aus der gekonnten Auswahl und Zusammensetzung von Pflanzen und Materialien in der Basissprache des Grundkonzeptes zusammengesetzt.

Materialien altern unterschiedlich. Ihre Oberflächen und Behandlungsmöglichkeiten, die Varianten des Einbaus oder der Verwendung sowie ihre (regionale) Verfügbarkeit sind Entscheidungsgrundlage für die Auswahl.

Oberflächen

Materialwahl, Verlegung, Randausbildung und Fugen

Abgesehen von der Komposition, die der Gartengestaltung zugrunde liegt und die die Materialauswahl bestimmt, ist die Art der Ver- und Bearbeitung für die Gesamtwirkung ausschlaggebend. Hierzu zählen die Behandlung der Oberfläche, die Verlegeart und Richtung, aber auch die Art des Unterbaus und die Fugenbehandlung. Die Nutzbarkeit hängt ebenfalls von der Glätte der Oberfläche, der Möglichkeit der Reinigung oder Schneebeseitigung sowie von ihren Temperatureigenschaften ab.

Kleine Formate erlauben flexiblere Verlegung und eine leichtere Anpassung an Rundungen und Kurven. Größere Steine geben dem Belag mehr Ruhe. Verlegearten sind beispielsweise Läuferverband, Kreuzverband, Diagonalverlegung, Fischgrät- oder Flechtverband. Die Verlegemuster können durchgängig sein, ein Richtungswechsel kann jedoch eine Änderung ankündigen.

Der Unterbau und das Fugenmaterial hängen von der geplanten Belastung des Weges, dem Klima und der Pflegemöglichkeit ab. Fugen können im Verlauf, in der Breite und der Farbe gestalterisch wirksam sein. Damit erzielt man Harmonie oder Kontrast. Durch ein Fortführen des Materials der Umgebung in den Fugen kann eine Kontinuität hergestellt werden. Der Wegebelag wird so etwa in die Wiese gelegt. Fließende Materialien (Beton, Asphalt) benötigen Dehnfugen, die ebenso genau überlegt plaziert werden. Ähnlich wirksam können die Einfassungen von Wegeoberflächen eingesetzt werden. Randeinfassungen dienen der Stabilität. Sie können als eigene Linien eingesetzt werden, um die Wegeführung zu unterstreichen. Sie können fast unsichtbar eingebaut werden und so die Materialgrenzen aufeinander treffen lassen. Ob sie erhaben oder niveaugleich sind, beeinflusst die Raumkomposition und die Benutzbarkeit.

Naturstein

Naturstein ist ein wertvolles, edles und dauerhaftes Material. Gute Natursteinbeläge können nicht nur aufgrund des Materials, sondern auch wegen der für eine gute Verlegung erforderlichen qualifizierten Handwerksarbeit kostspielig sein. Natursteine stehen in sehr verschiedenen Farben, Texturen und Formaten zur Verfügung, wobei mit dem gezielten Einsatz lokalen Materials einem Garten ein Charakter mit Bezug zum Ort verliehen werden kann.

Zu den gebräuchlichsten Natursteinen gehören unter den Hartgesteinen Granit, Basalt und Porphyr und bei den Weichgesteinen Kalkstein, Sandstein, Schiefer und Marmor. Natursteinpflaster werden grundsätzlich als Mosaik-, Kleinstein- und Großsteinpflaster angeboten. Als Plattenbelag können rechteckige, quadratische oder polygonale Platten verwendet werden. Die Pflaster und Platten werden entweder gesägt oder gespalten (bruchrau). Die Oberflächen der Platten können gestockt, geflammt, sandgestrahlt oder poliert werden. Grundsätzlich sollte man bei der Wahl der Textur im Außenbereich an die Rutschfestigkeit des Steins bei nasser Witterung denken.

Beton- und Kunststein
Platten und Pflastersteine aus Betonstein sind mittlerweile in vielen Formaten und Farben erhältlich und stellen eine Alter-

Detail präzise verlegter Betonplatten in Kombination mit Holzdeck und Rasen in einem Dachgarten von Atelier Loidl.

Natursteinpflaster aus Granit

native zu Naturstein dar. Bei der Verwendung von Betonsteinprodukten sollte jedoch auf die Auswahl qualitativ hochwertigen Materials geachtet werden, um eine gestalterisch anspruchsvolle Gestaltung sicherzustellen. Die Qualität der Produkte wird vor allem in der Textur und Farbe der Materialien bemerkbar. Durch die Beigabe von zerstoßenem Naturstein oder eingestreutem Kies können natursteinähnliche Färbungen und Oberflächen erzielt werden. Außerdem empfiehlt sich die Verwendung durchgefärbten Materials, um auch bei Abnutzung und Abschlagen von Kanten die Farbwirkung der Steine zu wahren.

Kunststeine werden zu einem höheren Prozentsatz aus zermahlenem oder gebrochenem Naturstein hergestellt und können in verschiedenen Ausführungen verwendet werden. Ihr Aussehen imitiert wesentlich stärker die Naturmaterialien.

Beton- und Kunststein sind robuste Materialien und mit einfachen Mitteln zu pflegen. Die Pflastersteine und Platten werden in der Regel bei ausschließlich fußläufiger oder nur leichter Verkehrsbelastung auf einer ungebundenen, gut verdichteten Tragschicht (Schotter oder Kantkorn) in Sand verlegt. Bei starker Verkehrsbelastung der Flächen ist eine bituminöse oder zementstabilisierte Tragschicht notwendig und auch eine stärkere Steindicke (6–8 cm bei Fußwegen und leichter Verkehrsbelastung, 10–12 cm bei starker Verkehrsbelastung) ist erforderlich.

Backstein/Klinker

Die warmen Rot- und Brauntöne der Backsteine machen die Verwendung des Materials für Wege und Bodenbeläge besonders interessant. Um Frostschäden zu vermeiden, sollte in Zonen mit kaltem Klima ausschließlich doppeltgebrannter, frostsicherer Backstein als Pflastermaterial verwendet werden. Klinker können wie Natur- und Betonsteinpflaster im Sandbett verlegt werden. Zur Vermeidung von Frostschäden muss auch hier, wie bei allen Pflasterungen, die wasserdurchlässige Tragschicht bis in eine Tiefe von 80 cm reichen.

Recycling von vorhandenem Pflastermaterial

Vor allem bei der Umgestaltung bestehender Anlagen sollte schon bei der Aufnahme des Bestands darauf geachtet werden, ob Bodenbeläge existieren, die in der neuen Gestaltung Verwendung finden können. Gerade Natursteinbeläge sind dauerhafte Materialien, die ohne großen Aufwand vielfältige Verwendungsmöglichkeiten bieten und in gealtertem Zustand im Garten einen beson-

Zwei Asphaltflächen mit unterschiedlicher Oberflächengestaltung sind durch eine starke Metallkante begrenzt.

Klinker in verschiedenen Verlegearten

deren Blickpunkt darstellen. Allerdings muss im Rahmen der Abbrucharbeiten der vorsichtige Abbau und eine entsprechende Säuberung und Lagerung des Materials berücksichtigt werden.

Beton

Ortbeton wird direkt an Ort und Stelle verarbeitet und kann mit der entsprechenden Schalung in jede gewünschte Form gegossen werden. Damit stellt das Material eine robuste und flexible Möglichkeit zur Wegebefestigung dar. Je nach Dicke von Aufbau und Armierung des Ortbetons sind zum Ausgleich thermischer Schwankungen in regelmäßigen Abständen Dehnfugen notwendig. Die Fugen können mit Holz, Stahl oder Bitumen ausgeführt werden und stellen einen wichtigen Teil der Gestaltung dar. Die Oberfläche von Ortbeton kann durch Einstreuen von Kies oder Splitt mit

interessanten Texturen und Farben versehen werden. Das Einstreumaterial wird in die Deckschicht eingebracht und durch Beigeben von Chemikalien zur Verhinderung der Aushärtung der obersten Zementschicht schließlich per Hochdruckwasserstrahl freigelegt. Die Auswahl der Mineralstoffe kann sowohl nach der Farbe als auch nach Größe und Form des Materials variieren. Stahl oder Glas kann als eingewalztes Material zusätzliche Effekte erzeugen.

Als weitere Möglichkeit der Bearbeitung der Oberfläche besteht die Möglichkeit, die Deckschicht kurz vor dem Aushärten zu bürsten oder mit Hilfe spezieller Metallkämme geriffelte Texturen zu erzeugen. Texturen können auch mit Schablonen aus Metall oder Papier in die noch feuchte Deckschicht eingedrückt werden. Die rauen Texturen haben nicht nur einen hohen ästhetischen Wert,

sondern bewähren sich auch als Gleitschutz bei nasser und eisiger Witterung. Durch Zugabe von Farbpigmenten zum Zement kann der Beton kräftig eingefärbt und ein wirkungsvoller Farbeffekt erzeugt werden.

Asphalt

Bituminöse Bodenbeläge setzen sich aus Mineralstoffen unterschiedlicher Körnung und bituminösen Bindemitteln wie Bitumen oder Teer zusammen und können in verschiedenen Verfahren (als Guss- oder Walzasphalt) hergestellt werden. Asphalt wird vor allem für die Herstellung von Fahrwegen verwendet, kann einfach aufgebracht werden, ist anpassbar an geschwungene Formen und eignet sich besonders, wenn große Flächen kostengünstig und rasch befestigt werden sollen. Durch das Einwalzen von Splitt kann die Textur und Helligkeit

Schlitzrigol zwischen Plattenbelag und Asphalt

des dunklen Materials verändert werden. Bewährte Techniken aus dem Straßenbau ermöglichen das Aufbringen von farbigen Markierungen, womit Asphaltflächen akzentuiert werden können.

Kunststoffbeläge

Die häufigsten Anwendungsgebiete für Kunststoffbeläge liegen im Sportplatz- und Spielplatzbau. Hier wird Kunststoffgranulat für Sportbahnen und als Fallschutz verwendet. Je nach Hersteller und Anwendung sind bei durchgehenden Belägen verschiedene wasserundurchlässige oder durchlässige Aufbautechniken gebräuchlich, welche Oberflächen in unterschiedlichen Farben und die Ausbildung von freien Formen ermöglichen. Aufgrund ästhetischer Mängel ist von der Verwendung

der im Handel erhältlichen Fallschutzplatten aus Kunststoffgranulat abzuraten.

Im Privatgarten können am ehesten die im Spielplatzbau üblichen Beläge aus Gummigranulat mit Polyurethanbindern angewandt werden. Auf einer wasserdurchlässigen, verdichteten Tragschicht wird zunächst grobes Granulat aus wiederverwerteten Autoreifen zur Falldämpfung aufgetragen. Feines EPDM-Granulat (Ethylen-Propylen-Dien-Kautschuk, erhältlich in unterschiedlichen, lichtbeständigen Farbtönen) folgt als Deckschicht. Der durchgehende Kunststoffbelag kann auch über dreidimensionale Formen wie Hügel oder Mulden in der Oberfläche gezogen werden. Aufgrund der Wasserdurchlässigkeit des elastischen Belags muss unbedingt für eine ausreichende Entwässerung der Flächen gesorgt sein. In der Regel sind

die Beläge äußerst beständig und müssen erst nach ungefähr acht Jahren erneuert werden. Anfallende Ausbesserungsarbeiten sollten von einem Fachmann vorgenommen werden.

Wassergebundene Decke

Eine relativ einfache und günstige Form der Oberflächenbefestigung ist die wassergebundene Decke. Sie lässt teilweise ein Versickern des Oberflächenwassers zu und ist besonders durch die gute Begehbarkeit und die feine, natürliche, aber kompakte Textur attraktiv. Der Belag kann auf verschiedene Weise aufgebaut sein, setzt sich im Prinzip aber wie folgt zusammen: Auf einer verdichteten Schottertragschicht mit Feinanteilen wird ein korngestuftes Gesteingemisch aufgebracht, das unter Einwirkung von Wasser verdichtet wird. Die abschließende Deckschicht hat die geringste Korngröße und wird ebenfalls unter Zugabe von Wasser verdichtet. Die Deckschicht kann farblich abgestimmt werden. Um Pfützen zu vermeiden, sollte ein Gefälle von 2–3% zu den Rändern vorgesehen werden. Die maximale Steigung von Wegen mit wassergebundener Decke liegt bei etwa 6%. Regelmäßige Maßnahmen zur Instandhaltung der Deckschicht, etwa das Entfernen von Unkraut und Nachbesserungen, sind zum Erhalt des Belages unbedingt erforderlich.

Der Bodenbelag aus Holz im Dachgarten von Atelier Loidl geht in eine Bank über.

Holz

Holz als Bodenbelag ist ein äußerst angenehmes, barfuß gut begehbares Material und bietet eine gute Möglichkeit, mit ein und demselben Baustoff sowohl Boden als auch Mobiliar zu gestalten. Bei der Verwendung im Garten sollte man jedoch einige Punkte beachten.

Im Außenbereich kann eine Vielzahl heimischer Harthölzer wie Eiche, Buche, Robinie, Kastanie oder Lärche hervorragend eingesetzt werden. Um eine längere Haltbarkeit von Weichhölzern wie Fichte oder Kiefer zu garantieren, können diese in druckimprägniertem Zustand im Garten verwendet werden. Tropenhölzer (vor allem Teak, Iroko, Ipe, Bankgirai, Tiger Wood) zeichnen sich durch ein wesentlich höheres spezifisches Gewicht, ihre lange Haltbarkeit und interessante, dunkle Färbung aus. Sie werden vor allem für Decks auf Terrassen und Gartenmobiliar verwendet.

Bei Nässe besteht bei Holzbelägen in der Regel eine äußerst hohe Rutschgefahr. Mit der Wahl einer entsprechenden Oberflächentextur (z. B. bei Holzdecks) kann für besseren Halt gesorgt werden.

Beim Einsatz von Holz sollte auch immer der direkte Kontakt des Holzes mit dem Boden vermieden werden und

Beim Kauf von Tropenhölzern ist darauf zu achten, dass die Produkte mit dem FSC Zertifikat (Forest Stewardship Council) versehen sind, das eine umwelt- und sozialverträgliche Form der Forstwirtschaft bei der Holzgewinnung garantiert.

für gute Dränage gesorgt sein. Generell erfordern alle Hölzer regelmäßige Pflege und Instandhaltung. Der Witterung ausgesetzt, verändern sie im Laufe der Zeit ihre Farbe und verwittern teils zu interessanten grausilbrigen Tönen. Die Oberflächen können lasiert, lackiert oder auch nur mit Ölen zum Schutz eingelassen werden – je nach gewünschtem Effekt.

Holzdecks bieten die Möglichkeit ebener Flächen, ohne dass eine aufwändige Veränderung der natürlichen Topografie des Geländes notwendig wird. Unschöne Fliesenböden auf Terrassen können einfach unter Holzplanken verschwinden, wobei jedoch auf eine ausreichende Entwässerung und die Höhe der Anschlüsse an die Architektur geachtet werden muss. Kantholzpflaster wird im Sandbett verlegt und kann in weniger stark frequentierten Bereichen für eine attraktive Bodentextur sorgen.

Kies und Splitt

Mit Kies und Splitt lässt sich ohne großen Arbeitsaufwand und mit relativ geringen Kosten ein einfacher, durchgehender Bodenbelag herstellen. Man unterscheidet zwischen rundem Kies, der vorwiegend aus Flüssen gewonnen wird, und kantigem Splitt, der durch Zerstoßen von Naturstein gewonnen wird. Schiefersplitt weist eine besonders attraktive Textur auf, die auf den schichtweisen Aufbau des Ausgangsgesteins und das damit verbundene Bruchverhalten zurückzuführen ist. Scharfkantiges Material liegt stabiler und ist besser begehbar als runder Kies. Rundkies in ausreichender Schichtstärke und der geltenden EN-Norm (EN Norm 1176 „Kinderspielgeräte", EN Norm 1177 „Stoßdämpfende Spielplatzböden") entsprechender Korngröße (2–8 mm) bietet eine Möglichkeit zur Herstellung von Fallschutz unter Spielgeräten.

Kies und Schotter sind in einer Vielzahl an Farben und Körnungen erhältlich. Die Töne reichen von Reinweiß über Creme, Ockerfarben, Rosa und Rotbraun bis Grünlich und Schiefergrau. Bei der Verwendung von reinweißem Marmorkies ist allerdings Vorsicht geboten. Wesentlich natürlicher und nobler wirken meist helle Cremetöne oder ein abgeschlagenes Weiß. In jedem Fall sollten die Materialien jedoch per Muster ausgewählt und mit den restlichen Farben und Materialien im Garten abgestimmt sein.

In Kombination mit anderen Bodenbelägen (z. B. einzelne Trittsteine oder Pflaster mit großem Fugenabstand) kommen Schottermaterialien gut zur Geltung und die Begehbarkeit bleibt gewährleistet. Neben der Verwendung für Wege und Aufenthaltsbereiche werden dekorativer Kies und Splitt auch als Mulchmaterial oder in Kombination mit formalen Pflanzungen verwendet.

Zur Unterdrückung von unerwünschtem Bewuchs sollte unterhalb der etwa 5 cm starken Kiesschicht immer ein mehrfach mit Metallhaken fixiertes Geotextil eingebaut werden. Trotzdem ist der Arbeitsaufwand zur Reinhaltung und ständigen Nivellierung von Kiesflächen zu berücksichtigen. Auch die Schneeräumung auf Kiesflächen ist schwierig. Das Material verteilt sich schnell in alle Richtungen und ist für Kinder und Haustiere ein beliebtes Spielfeld. Vor Eingängen in Gebäude empfiehlt sich eine leicht zu reinigende Übergangsfläche, in der der Kies vor Eintritt liegenbleibt.

Sand

Sand wird vor allem in Kinderspielbereichen als Fallschutz und zum Spielen eingesetzt. Spielsand sollte eine Körnung von 0/2 mm aufweisen und einen hohen Quarzanteil besitzen, was eine zu starke Verdichtung des Sandes verhindert. Sandkisten sollten sich über einem sickerfähigen Untergrund aus Schotter befinden und mindestens 40 cm tief mit

Ein Streifen aus Rundkies rahmt den Gemüsegarten und dient der Erschließung.

Spielsand gefüllt sein. Außerdem ist es
ratsam, Sandspielflächen regelmäßig auf
Verunreinigungen durch Tiere zu kontrol-
lieren. Es empfiehlt sich, Abdeckvorrich-
tungen und die Gestaltung der Begrenzung von Sandkästen von Anfang an in
der Gestaltung zu berücksichtigen.

Glas

Glas findet zur Oberflächengestaltung in
der Freiraumgestaltung in verschiedenen
Varianten Verwendung. Entweder in Form
von begehbarem Verbundsicherheitsglas,
Betonglassteinen oder als Glasgranulat.

Die Verwendung von Verbundsicherheitsglas für Treppenstufen und Stege
lässt Konstruktionen leicht und transpa-
rent erscheinen. Eine Unterleuchtung

kann diesen Effekt verstärken. Um auch
bei Beschädigungen einer der beiden
Verbundglasscheiben die Auflast zu
gewährleisten, sollten die einzelnen Teile
über eine mindestens dreiseitige Aufla-
gerung verfügen. Wie auch bei Betonglassteinen muss bei Flachglas im Freiraum unbedingt eine rutschfeste Oberfläche vorgesehen werden, um jegliche
Gleitgefahr zu vermeiden.

Grüne Glaskiesel als Deckschicht

Betonglassteine sind Hohlglaskörper ähnlich den konventionellen Glasbausteinen, die jedoch eine wesentlich höhere Widerstandsfähigkeit gegen mechanische Belastung besitzen und sich zur horizontalen Verlegung eignen. Die Glaselemente sind in verschiedenen Formaten, Farben und Transparenzen erhältlich. Besonders reizvoll sind die variablen Beleuchtungsmöglichkeiten und Lichteffekte, die mit dieser Form der Bodenverglasung möglich sind. So können Oberflächen bei Dunkelheit über Leuchten unter den Betonglassteinen in farbiges Licht getaucht werden – gleichzeitig ermöglichen die Glasbausteine ein indirektes Aufhellen von Räumen, die sich unter dem Niveau des Belages befinden.

Glassplitt ist aufgrund der Farbenvielfalt und interessanten visuellen Effekten ein attraktives Material im Garten und kann wie Kies für die Deckschicht von begehbaren Flächen oder als Mulch von Pflanzflächen verwendet werden. Die gefährlichen scharfen Kanten des Recyclingmaterials aus zerkleinertem Altglas werden durch einen mechanischen Prozess abgerundet. Um jegliche Verletzungsgefahr auszuschließen, sollte unter keinen Umständen selbst hergestelltes Glasgranulat verwendet werden! Zerkleinertes Glas ist in verschiedenen

Korngrößen im Baustoffhandel erhältlich und ersetzt in der Bauindustrie Sand und Kies im Beton, wird zum Schutz von erdverlegten Leitungen oder als Dränage- und Sauberkeitsschicht im Straßenbau verwendet. Für dekorative Zwecke eignet sich in der Gartengestaltung am besten Glaskies mit einer Granulatgröße von etwa 4–8 mm. Je nach Hersteller sind verschiedene Farbschattierungen erhältlich.

Metall

Metalle kommen im Außenraum auf vielseitige Art und Weise zum Einsatz – für Geländer, Pergolen, dekorative Details sowie Beleuchtungs- und Wasserele-

mente. Die Verwendung von Stahl in unterschiedlichen Verarbeitungsformen ist besonders interessant aufgrund der attraktiven Oberflächenfarbe und -textur des Metalls.

Normaler Baustahl ist zwar relativ günstig, verwittert ohne weitere Behandlung jedoch schnell, weshalb bei der Verwendung im Freiraum ein Schutz der Oberfläche notwendig ist (Überzüge wie Zink, Schutzanstrich). Wesentlich beständiger ist Cortenstahl, eine Stahllegierung, die durch eine rostende Patina aus Eisenoxid vor weiterer Verwitterung geschützt wird. Rostfreie Stähle verdanken ihre äußerst hohe Korrosionsbeständigkeit dem Anteil an Chrom und Nickel

in der Legierung. Je nach Material reichen die Farbtöne von rostrot bis stahlgrau, die besonders gut in der Kombination mit grünen, roten oder silbrigen Laubfarben der verwendeten Bepflanzung zur Geltung kommen.

Gitterroste aus verzinktem Stahl sind äußerst tragfähig, witterungsbeständig sowie luft- und lichtdurchlässig. Bei der Gestaltung von Stegen und Treppenstufen mit Metallgitterwerk lassen sich aufgrund der Transparenz des Materials wirkungsvolle Effekte erzielen, beispielsweise durch Beleuchtung oder durch den Gitterrost wachsende Bepflanzung. Für stabile Wege kann der Gitterrost auch mit Kies verfüllt werden. Bei der Wahl der

Verwendung von Stahl mit unterschiedlichen Oberflächen.

Maschenweite ist vor allem auf die Begehbarkeit mit grazilem Schuhwerk zu achten.

Stahlplatten oder Bleche mit geprägter Oberfläche sind als Bodenbelag selten zu sehen, bieten jedoch eine interessante Variante für die Befestigung von Wegen oder Stufen. Bei deren Verwendung sollte neben einem ausreichenden Korrosionsschutz ein gut dränierter Unterbau sowie ein Gleitschutz (z. B. durch Aufrauen der Oberfläche oder Aufschweißen rutschhemmender Elemente) vorgesehen werden.

Stanzabfälle aus der Metallverarbeitung können in Ortbeton eingestreut oder wie Kies als Mulchmaterial verwendet werden. Metallkanten und Metallprofile stellen eine Vielzahl an einfachen und präzisen Möglichkeiten zur Randbegrenzung von Bodenbelägen oder der Gestaltung von Fugen und zur Markierung von Materialübergängen dar.

Grundsätzlich sollten Sie bei der Verwendung von Stahl im Außenraum die mögliche starke Erhitzung von Oberflächen bei direkter Sonneneinstrahlung sowie das korrosionsbedingte Abfärben einiger Stahlsorten in Betracht ziehen. Die Wahl eines adäquaten Korrosionsschutzes sollte somit immer gut bedacht werden. Aluminium, Kupfer und Messing kommen kaum als großflächige Bodenbeläge zum Einsatz, können aber in Form hochwertiger Details in andere Bodenbeläge integriert werden.

Rindenmulch, Holzhäcksel und andere organische Mulchmaterialien

Mulchmaterial schützt den Boden in erster Linie vor Austrocknung und verhindert das rasche Aufkommen von unerwünschtem Bewuchs unter Pflanzungen. Lose Materialien aus Rinde oder Holz können jedoch auch als begehbarer Bodenbelag oder Fallschutz unter Kinderspielgeräten verwendet werden.

Mulch aus Nadelholzrinde entsteht als Nebenprodukt in der Holzverarbeitung und ist somit günstig für den Gebrauch im Garten zu erhalten. Bei Verwendung von Rindenmulch sollte die gewünschte Dimension genau definiert werden. Eine kleine und möglichst homogene Größe der Rindenstücke ist dabei zu empfehlen. Ebenfalls sollte bedacht werden, dass das Verrotten des Rindenmulchs zu einem Versauern des Bodens (Vorbeugung durch die Verwendung abgelegenen Materials) führen kann. Holzschnitzel weisen nur eine begrenzte Haltbarkeit auf, da sie aufgrund der fehlenden Gerbstoffe der Rinde schneller verrotten, können jedoch ebenso wie etwas angerottetes Häckselmaterial aus dem Baumschnitt zum Mulchen von Pflanzflächen oder als Bodenbelag verwendet werden.

Andere Möglichkeiten von Bodenbelägen aus losem, natürlichem Material sind beispielsweise die schwer zersetzbaren Nadeln, die unter Koniferen einen einfachen und einheitlichen Oberflächenbe-

lag bilden können. Bei der Verwendung organischen Materials als Belag oder Fallschutz ist unbedingt eine gute Dränage des Untergrunds notwendig.

Rasen und Alternativen

Weiche, grüne Oberflächen mit Rasen oder anderer, begehbarer Vegetation sind nicht nur fußfreundlich und wohltuend für das Auge, sondern sind zudem auch von hohem Wert für das Mikroklima und erlauben eine gute Anpassung an fließende Formen.

Je nach persönlicher Vorliebe und Charakter des Gartens kann zwischen einem präzisen Rasenteppich, der wöchentlich gemäht wird, oder einer naturbelassenen Wiese gewählt werden. Über das Spiel mit unterschiedlichen Mahdhöhen können in Rasen- und Wiesenflächen sich ständig verändernde Muster gezeichnet werden. Vorsicht ist bei der Kombination mit Kies und Mulchmaterial geboten. Die Zonen sollten möglichst wenig begangen werden, um ein Verteilen des losen Materials in die Pflanzungen zu vermeiden. Darüber hinaus ist eine klare Trennung der Flächen über beispielsweise Metall- oder Holzkanten erforderlich. Bei der Planung von grasbewachsenen Fugen und Aussparungen in Bodenbelägen ist neben der korrekten Wahl des tritt- und schnittbeständigen Saatguts auf genügend Substrat zu achten, um ein Austrocknen des Fugenbewuchses zu verhindern. Für Flächen

Abwechselnde Anordnung von Rasen und Steinstreifen

mit starker Beanspruchung eignet sich die Herstellung von Schotterrasen, der aufgrund der Wahl des Substrats und angesäten Arten äußerst beständig gegenüber Verdichtung und Betreten ist. Als Alternative zu Rasenflächen stehen neben Wiesenmischungen mit unterschiedlichen Anteilen an Kräutern und Blumen auch verschiedene trittbeständige, teppichbildende Pflanzen zu Verfügung, z. B. Römische Kamille (*Anthemis nobilis*), Polster-Grasnelke (*Armeria caespitosa*). Einige attraktive Fugenpflanzen sind beispielsweise das Stachelnüsschen (*Acaena buchananii*) oder der Frauenmantel (*Alchemilla mollis*) sowie verschiedene *Sedum*-Arten.

Raumbildung und -teilung

Während die unterschiedlichen Oberflächen einen Garten zweidimensional definieren, erfolgt über die Arbeit mit der Topografie und Begrenzungselementen die Gestaltung in der dritten Dimension. Über die Kombination verschiedener raumwirksamer Elemente, das Spiel mit Kontinuität und Unterbrechung linearer Elemente und die Bestimmung von Material und Blickdurchlässigkeit können in der gleichen Situation sehr unterschiedliche Arten der Raumwahrnehmung entstehen.

Steinbänder betonen die Stufenkanten.

Geländesprünge

Die baulich einfachste Form zur Überwindung von Höhenunterschieden ist der Einsatz von Böschungen und Rampen. Man benötigt jedoch ausreichend Platz, um einfach zu befestigende Neigungswinkel bauen zu können (etwa 25%). Für die barrierefreie Gestaltung begehbarer Rampen existieren national unterschiedliche Vorschriften für das maximale

Gefälle (5–8%). Auch die Rastflächen in Zusammenhang mit der Rampenlänge sind genau vorgegeben. Mit Terrassen (mit oder ohne Gefälle) und Treppen können Höhenunterschiede auf kürzeren Distanzen bewältigt werden. Die Stufenmaße legen das optimale Verhältnis zwischen Stufenhöhe und Auftrittstiefe fest und garantieren so ein bequemes und sicheres Begehen der Treppen. Für die Gestaltung von Treppen im Freiraum steht eine Vielzahl an Bauformen und Materialien zur Verfügung, die der Situation entsprechend gewählt werden können.

Bei der Eigenkonstruktion von Mauern ist Vorsicht geboten. Mauern können sowohl freistehend als reiner Sichtschutz, als Zierelement im Garten Verwendung finden oder aber – wie im Fall von Stützmauern – eine wichtige, tragende Funktion übernehmen. Die Statik von Mauern muss professionell berechnet werden. Weiterhin sollte man beachten, dass der Bau von Mauern im Garten ab einer gewissen Höhe baubewilligungspflichtig ist.

Nachfolgend werden weniger die umfangreichen technischen und statischen Aspekte des Mauerbaus, sondern die gestalterischen Qualitäten verschiedener Mauertypen behandelt.

O **Natursteinmauern** sind als Lesesteinmauern und Weidegrenzen seit Hunderten von Jahren wichtiger Bestandteil des Landschaftsbildes in weiten Teilen Europas. Aufgrund mangelnder Kenntnis der traditionellen Bautechniken von Trockenmauern werden mittlerweile Mauern mit Mörtel und Zement errichtet oder Naturstein kommt erst als Verkleidung von Betonmauern zum Einsatz. Mauern aus Naturstein sind aufgrund des wertvollen Materials und dessen besonderer Eigenschaften sehr reizvolle und ästhetische Elemente im Garten.

O **Steinkörbe (Gabionen)** sind mit Steinen gefüllte, verzinkte Drahtkör-

be, die aneinandergereiht und übereinander gesetzt im Landschaftsbau zur Hangsicherung verwendet werden. Sie finden vor allem Anwendung als Stützwände im Straßenbau und in der Lawinen- und Uferverbauung. Im Gartenbau stellen sie eine attraktive Alternative zu Natursteinmauern dar. Im Handel sind Körbe in verschiedenster Ausführung erhältlich. Körbe aus starkem, verzinktem Stahldraht behalten langfristig die Form, wodurch sie sich gut für die Verwendung im Hausgarten eignen. Als Füllmaterial können verschiedene Natursteine verwendet werden, wobei die günstigste Variante grober Flussschotter darstellt. Die Ansichtsfläche lässt sich aber auch mit hochwertigen Kantsteinen oder plattigem Material gestalten, das sorgfältig vor dem Füllen der Steinkörbe eingeschichtet wird. Gabionen können auch problemlos mit Kletterpflanzen oder anderer Bepflanzung begrünt werden.

O **Betonfertigteile** sind für den Gartenbau in einer Vielfalt von Systemen zur Hangbefestigung erhältlich. In den

Trocken aufgesetzte Natursteinmauern können bepflanzt werden oder besiedeln sich von selbst mit Pflanzen.

Der Charakter einer Gabionenmauer variiert je nach Wahl und Art der Schichtung des Füllmaterials.

meisten Fällen stellen mit konventionellen Fertigteilen errichtete Mauern jedoch eine ästhetische Herausforderung dar. Ein zufriedenstellendes Ergebnis ist erst durch dichte Bedeckung mit Pflanzen zu erreichen. Einfache Betonteile in L-Form können eine schlichte und kostengünstige Alternative für niedrige Stützmauern sein.

○ **Klinkermauern** können als tragende Mauern bis etwa 1 m, freistehende Wände je nach Bauweise auch höher mit Klinkern errichtet werden. Klinkerbauwerke sind in der Regel günstiger in der Herstellung als Betonmauern und können sowohl unverputzt als auch verputzt ausgeführt werden. In unverputztem Zustand entscheiden die Art des Mauerver-

bands, Farbe und Form der Klinker sowie die Gestaltung der Fugen über das Erscheinungsbild der Mauer. Im Falle von verputzten Wänden bestimmen die Wahl von Textur, Auftragsart und Farbe des Mauerputzes deren Aussehen.

○ **Betonmauern** kommen, wenn nicht aus ästhetischen Gründen, vor allem zur Befestigung bedeutender Böschungssituationen zum Einsatz. Bei der Gestaltung von Betonmauern können im Fall von Sichtbeton verschiedene Eigenschaften definiert werden: Farbe und Textur des Betons (z. B. Waschbeton), die Art der Oberflächenbehandlung (z. B. Flamm- oder Sandstrahlen und manuelle Bearbeitung wie beim Naturstein) und die Wahl der Schalung. Über die Schalung

der Mauer kann die Oberfläche mit bestimmten Texturen versehen werden. Bei der Verwendung von Holzbrettern wird später die Maserung des Holzes sichtbar und die Anordnung der einzelnen Bretter kann variiert werden. Es können aber auch Äste, Gummi-, Schilf- oder Weidenmatten auf die Schalungsform aufgebracht werden. Sehr schöne Oberflächen sind auch mit vorgefertigten, in vielen verschiedenen Strukturen erhältlichen Schalungsmatrizen aus Kunststoff oder Silikon zu erreichen, die auf die Schalungsplatten aufgebracht werden. Ein wichtiges Gestaltungselement bei Betonmauern ist außerdem das Fugenbild. Der Verlauf der Dehnfugen sollte exakt, detailliert sein und somit bewusst in den Entwurf miteinbezogen werden.

Zäune und Sichtschutzelemente

Zäune und andere Arten von Raumteilern grenzen den privaten Bereich von seiner Umgebung ab. Innerhalb des Gartens erfolgt mit Hilfe von verschiedenen Trennelementen die Unterteilung in einzelne Räume. Sie können sich in Gestaltung und Nutzungsmöglichkeiten unterscheiden. Je nachdem, welche Anforderung an das Design in den einzelnen Situation bestehen, können Blickdurchlässigkeit und Durchgangsmöglichkeiten der Trennelemente variiert werden. So werden beispielsweise zwei parallel versetzte Hecken optisch als ein durchgehendes Element wahrgenommen. Zwischen den überlagerten Heckenstreifen kann aber unauffällig ein Zugang verborgen werden. Lange Zäune oder Mauern werden durch einen Wechsel verschiedener Höhen oder mit vereinzelten Durchbrüchen als weniger monoton empfunden. Die Länge kann aber auch das Besondere ausmachen.

○ **Trennelemente aus Pflanzen** bieten einfache und günstige Möglichkeiten zur Herstellung und Gliederung von Räumen. Mit Sträuchern können sowohl präzise Schnitthecken als auch freiwachsende, gemischte Gehölzstreifen angelegt werden. Ebenso gut geeignet sind rasch wachsende Ziergräser- und Bambuspflanzungen sowie Kletterpflanzen oder Spalierbäume auf Rankgerüsten. Neuange-

legte Pflanzungen benötigen jedoch Zeit, um sich vollständig zu entwickeln. Merkmale des Laubes (immergrün oder sommergrün, Herbstfärbung, Blattgröße und -form), der Blüten (Farbe, Größe, Form, Blühzeit), des Wuchses (Größe, Volumen, Gesamtform, Verzweigungen) und Besonderheiten wie Dornen oder Stacheln sind für die Auswahl ausschlaggebend.

○ **Bauliche Trennelemente** können freistehende Mauern und Zäune aus Holz, Metall und Kombinationen mit Glas, Textilien oder Matten aus Bambusstäben sein. Neben den verwendeten Materialien wird der optische Eindruck der Raumteiler maßgeblich durch die Wahl der Bautechnik und Farbgebung bestimmt.

Akzente

Gut plazierte, unerwartete Elemente und besondere Details machen einen Garten unverwechselbar und fügen eine persönliche Note hinzu. Mit dem gezielten Einsatz von Licht und Wasser können im Garten zusätzliche Stimmungen erzeugt werden.

Wasser

Das Erlebnis des Elements Wasser zählt zu den ganz besonderen Ereignissen, die

Ungewöhnliche Lösung einer Grenze mit Holz.

Hecke aus Bambus

Leben der Tiere und Pflanzen im Wasser aus und der Veränderung von Gewässern im Laufe der Jahreszeiten. Darüber hinaus ist das Vorhandensein von Wasser für das Kleinklima im Garten von Bedeutung. So spenden beispielsweise Wasserbecken, Teiche oder Brunnen an heißen Tagen angenehme Kühle für schattige Sitzplätze. Wasser kann aber auch aktiv erlebt werden – es kann getrunken werden, man kann darin baden, schwimmen, waten und planschen. Wasseranlagen im Garten sind in der Regel mit nicht unbedeutenden Errichtungs- und Instandhaltungskosten verbunden.

Funktion und Art der Umsetzung

Ausgangspunkt der Planung ist die Frage, in welcher Art und Weise Wasser im Garten eingesetzt und erlebt werden soll.

ein Garten zu bieten hat. Sein Einsatz in Gärten hat schon seit jeher eine besondere Rolle gespielt. Wasser hat viele interessante Aspekte und kann auf sehr unterschiedliche Weise erlebt werden. Eine stille Wasseroberfläche vermittelt Ruhe und der Blick in unbekannte Wassertiefen birgt Geheimnisse. Je nach Lichteinfall reflektiert ein Wasserspiegel sich ständig verändernde Bilder des Himmels und der Umgebung. Bewegtes Wasser erregt nicht nur durch die Fließbewegung Aufmerksamkeit, sondern wird auch über die Geräusche erfahrbar. Eine besondere Faszination geht vom

Metall und Wasser sind kühle Materialien.

Besteht der Wunsch nach Abkühlung und Badespaß im Sommer, soll mit einem Wasserelement die Aufmerksamkeit für einen bestimmten Platz im Garten gelenkt werden oder eine besinnliche Geräuschkulisse für einen Sitzplatz oder eine Terrasse erzeugt werden? Je nach Größe des Gartens entscheidet sich dann die Dimension und Art der Umsetzung der Wasserelemente. In kleinen Gärten, die keinen Platz für einen Pool oder Schwimmteich bieten, kann beispielsweise auch eine Dusche im Freien für Erfrischung an Sommertagen sorgen. Als platzsparende Alternative zu einer horizontalen Wasserfläche für einen Aufenthaltsbereich kann auch ein feiner, vertikaler Wasserfilm eingesetzt werden. Auch die Frage, ob das Beobachten des Lebens im Wasser im Vordergrund steht oder die Wasseranlage als ausschließlich architektonisches Element eingesetzt wird, ist von Bedeutung für Planung und Art der Ausführung. Es können die beiden Aspekte natürlich auch kombiniert werden, etwa mit einem Schwimmteich.

Platzierung

Soll ein Wasserelement im Zentrum des Gartens stehen und das Geschehen darin täglich beobachtet werden, so empfiehlt sich die Nähe der Aufenthaltsbereiche. Bei der Platzierung von bewegtem Wasser sollte jedoch auch die künftige Geräuschentwicklung bedacht werden. Vor Schlafzimmern oder anderen Ruhezonen kann

Eine in die Gestaltung des Beckens integrierte Holzfläche dient als Sitzplatz und macht das Wasserbecken auch aus der Nähe erlebbar (Planung: Büro Bittkau-Bartfelder).

Holz als Wegeplateau und als Trennung zwischen Wassertiefen (Planung: Anna Detzlhofer).

ein ständiges Blubbern, Plätschern oder Rauschen auch als störend empfunden werden. Gartenteiche können im Prinzip an jeder Stelle im Garten angelegt werden. Um ein allzu starkes Erhitzen des Wassers im Sommer zu verhindern, sollte zumindest während der heißen Mittagsstunden etwas Schatten auf die Wasseroberfläche fallen. Bei großen Laubbäumen in direkter Ufernähe ist im Herbst das Entfernen von Laub aus dem Teich notwendig, um eine Beeinträchtigung der Wasserqualität zu verhindern. Problematisch ist auch ihr umfangreiches Wurzelwerk, das die Teichabdichtung zerstören kann. Deshalb sollten Teiche nicht in unmittelbarer Nähe großer Bäume gebaut werden.

Zugang

Von wem und wie soll das Wasserelement im Garten erlebt werden? Das Ufer eines Teichs kann mit Flusskies begehbar ausgebildet werden, womit das Geschehen am Wasser unmittelbar beobachtet werden kann. Ein Streifen dichter Bepflanzung kann als Abschirmung dienen. Stege und Trittsteine zum Überqueren von Wasserflächen ermöglichen neue Blicke auf die Wasseranlage. Für Kleinkinder können bereits geringe Wassertiefen zur Gefahr werden, weshalb in Ergänzung zur ständigen Beaufsichtigung auch an eine Sicherung der Anlagen mit Hilfe eines Zauns oder anderen Zugangsbeschränkungen zu denken ist. In Wasser-

becken kann auch knapp unter der Wasseroberfläche ein Metallgitterrost montiert werden, der von außen kaum wahrgenommen wird, aber ein effektiver Schutz vor Unfällen ist. Auch die Höhe von Wasseranlagen entscheidet über die Art der Wahrnehmung. Die optimale Höhe hängt davon ab, ob das Wasser sitzend oder stehend erfahren wird und ob die Anlage nur das Betrachten oder auch das Begreifen ermöglichen soll.

Technik und Instandhaltung

Um keine Beeinträchtigung der Freude an einer Wasseranlage im Garten zu erfahren, sollten von Anfang an deren Errichtungskosten, die benötigte Technik und der laufende Pflegeaufwand bedacht werden. Künstlich bewegtes Wasser wie Wasserläufe oder Springbrunnen erfordern in der Regel ein relativ hohes Ausmaß an technischer Ausstattung und regelmäßiger Wartung. Für den Bau aufwändiger Wasseranlagen, aber auch die Bereitstellung einer sicheren Stromzufuhr und der Anschluss von Wassertechnik und Unterwasserbeleuchtung sind Fachleute hinzuzuziehen. Vor allem bei größeren Anlagen oder auch bei Pools sollten Lage und Größe von Pumpenkammer und Filteranlage rechtzeitig in der gesamten Planung des Gartens berücksichtigt werden. Für stehende Gewässer empfiehlt sich eine Mindesttiefe von 50 cm, zumindest zeitweilige Beschattung während der warmen Jahreszeit und regelmäßige Pflege, um eine akzeptable Wasserqualität ohne technische oder chemische Hilfsmittel zu gewährleisten. Gerade in mitteleuropäischen Breiten ist auch das Aussehen von Wasseranlagen während des Winters zu berücksichtigen. Während Pools und Springbrunnenanlagen als Schutz vor Frostschäden während der kalten Monate geleert werden müssen, bieten Garten- und Schwimmteiche auch bei Eis und Schnee noch interessante Aspekte im Garten.

Eine mit Bodenstrahlern beleuchtete Wand akzentuiert den Zugang zum Haus.

Licht

Der bewusste Einsatz von Licht kommt bei Planungen für den Außenraum häufig zu kurz, obwohl eine gute Beleuchtung viele zusätzliche Qualitäten in den Garten bringt. Die Beleuchtung verlängert nicht nur die Nutzbarkeit des Gartens bis in die Nacht hinein, sondern macht auch den Garten bei Dunkelheit oder im Win-

ter bis ins Innere des Hauses erlebbar. Mit Licht können Sie sowohl eine geheimnisvolle Stimmung erzeugen als auch für dramatische Inszenierungen sorgen. Eine gelungene Beleuchtung zeichnet sich durch die gezielte Abstimmung von Licht und Schatten, Lichtintensität und Lichtfarbe unter Berücksichtigung der Oberflächentextur und Farbe der Hintergründe aus.

Sichere Beleuchtung von Stufen über in der Wand integrierte Strahler.

Funktionale Beleuchtung

Die Beleuchtung des Eingangs sowie von Wegen und Treppen gewährleistet ein sicheres Gehen im Dunkeln. Ebenso empfiehlt es sich, ausreichend Licht für wichtige Aufenthaltsbereiche im Garten vorzusehen (z. B. Essbereich). Besonders geeignet zu diesem Zweck sind von oben nach unten gerichtete Leuchten. Als Beleuchtungselemente kommen sowohl hohe Poller als auch Laternen und Wandleuchten in Frage.

Effektbeleuchtung

Besonders schöne Effekte können über das Hervorheben von Pflanzen, Wasserelementen oder Skulpturen im Garten erzielt werden. Bodenstrahler und Spots bieten die Möglichkeit, unentdeckt für überraschende Kontraste von Licht und Schatten zu sorgen, beispielsweise durch das Anstrahlen von Baumstämmen und Baumkronen. Ihr Lichtkegel ist zumeist von unten nach oben gerichtet, weshalb Sie darauf achten sollten, dass es nicht zu Blendungen kommt.

Temporäre Beleuchtung

Kerzen, Fackeln, Laternen und Windlichter stellen einfache und spontane Alternativen zur elektrischen Gartenbeleuchtung dar. Vor allem für Sommerfeste kann man so auf schnelle Art und Weise eine stimmungsvolle Atmosphäre im Garten schaffen. Sie können auch als saisonale Dekoration eingesetzt werden.

Dekorative Objekte

Kunstobjekte, Installationen oder besondere Fundstücke können starke Akzente setzen. Sie verleihen einem Garten eine individuelle Note. Um die dekorativen Elemente erfolgreich zur Geltung zu bringen, sollten grundsätzliche Überlegungen bei deren Auswahl und Aufstellung angestellt werden. Um den Garten nicht zu überladen, empfiehlt sich die Beschränkung auf eines oder wenige Objekte. Mit der Platzierung der Elemente an nicht ganz offensichtlichen Stellen können Sie für Spannung und Überraschungsmomente sorgen. Dabei spielt auch die Beleuchtung bei Tag und Nacht eine wichtige Rolle. Je nach Art des verwendeten Materials sowie Farbe und

Textur der Oberflächen können Sie die Objekte mit natürlichem oder künstlichem Licht unterschiedlich inszenieren.

Pergolen und Schattenelemente

Schattige, wind- und blickgeschützte Plätze sind im Sommer angenehme Aufenthaltsorte im Garten. Bauliche Elemente wie Pergolen sind Gestaltungselemente, die von Anfang an in der Planung berücksichtigt werden sollten, um den Gesamtcharakter des Gartens zu unterstützen. Besonders attraktiv sind

mit Kletterpflanzen bewachsene Lauben, die nicht nur lichten Schatten spenden, sondern auch Blüten, z. B. Blauregen (*Wisteria sinenis*) oder herbstliche Früchte wie die Weinrebe (*Vitis vinifera*) tragen. Darüber hinaus bieten Textilien eine Vielzahl an Möglichkeiten, um Schutz gegen Sonne und leichten Regen zu schaffen. Markisen und Sonnensegel sind schnell ein- oder ausrollbar und können dazu verwendet werden, kräftige Farben in den Garten zu bringen. Das mit Stoff gefilterte Licht erzeugt auch an grauen Tagen frische Stimmung.

Ausstattung und mobile Elemente

Auch die mobilen Elemente im Garten stellen einen wichtigen Teil der Gestaltung dar und sollten in Einklang mit dem generellen Entwurfskonzept stehen. Sie können bewegt und einfach gewechselt werden und den Garten immer wieder auf einfache Art und Weise verändern.

Mobiliar

Gartenmöbel sollen in erster Linie den Aufenthalt im Freien bequem machen, ihn aber auch mitgestalten. Dabei lohnt sich die Investition in sorgsam ausgewählte Modelle und beständige Materialien, die die Verwendung der Möbel über viele Jahre garantiert. Hartholzmöbel, beispielsweise aus Teakholz, Robinie und Kastanie, sind elegante Details und passen in fast jeden Garten. Sie können gut im Freien gelagert werden und erfordern außer einer jährlichen Öllasur wenig Pflege. Bei der Verwendung tropischer Harthölzer sollte unbedingt auf das Vorhandensein des FSC-Zertifikats (Forest

Transparente Drahtsessel wirken als Skulpturen im Garten.

Die „Funky Love Seats" vom Planungsbüro Bittkau-Bartfelder als ungewöhnliches Sitzmöbel im Rasen.

Pflanzgefäße

Mit bepflanzten Behältern können Terrassen und Sitzplätze ergänzt werden. Die Bepflanzung kann sowohl dauerhaft als auch nur auf Sommerblumen und empfindliche Pflanzen beschränkt sein. Wichtig ist jedoch darauf zu achten, dass die gewählten Pflanzen und der dazugehörige Container ein harmonisches Ganzes ergeben. Mit Terrakottatöpfen entsteht ein warmes, mediterranes Ambiente. Beim Kauf sollten Sie sich allerdings unbedingt die Frostfestigkeit von Keramikgefäßen bestätigen lassen. Aber auch Metall, Kunststoff oder Holz sind interessante und beständige Materialien für Pflanzbehälter. Gegossene Beton- oder Faserzementbehälter sind zeitgemäße Lösungen, die auch formal an architektonische Vorgaben angepasst werden können.

Stewardship Council) geachtet werden! Mobiliar aus Weichholz (z. B. Kiefer) muss vor starken Witterungseinflüssen geschützt werden. Ein farbiger Lackanstrich steigert die Resistenz des Holzes und sorgt für Aufmerksamkeit. Unter den Metallmöbeln ist nur bei Aluminium oder Niro-Stahl keine weitere Behandlung der Oberfläche notwendig. Sitzauflagen und Lehnen sollten nach Möglichkeit aus anderen Materialien ausgeführt sein, die eine Benutzung auch in voller Sonne oder an kalten Tagen zulassen. Plastiktische und -stühle sind aufgrund ihres günstigen Preises, der Beständigkeit und des leichten Gewichtes sehr beliebt. Mit einer Hängematte kann im Garten rasch eine sommerlicher Schlafplatz geschaffen werden. Für dieses und andere mobile Ausstattungselemente sollte genügend Stauraum zur Aufbewahrung vorgesehen werden.

Verzinkte Container mit farblich abgestimmter Bepflanzung.

Buchskugeln
strukturieren die
Rasenfläche.

Pflanzen

Die „Softscape" des Gartens besteht im
Wesentlichen aus der Vegetation. Pflanzen sind die weichen Gestaltungselemente im Außenraum und nehmen eine
zentrale Rolle bei der Gestaltung eines
Gartens ein. Die Komposition mit Bäumen, Sträuchern und Stauden verleiht
Farbe, Textur und Struktur, spielt mit
Licht, Schatten und den Jahreszeiten und
ist verantwortlich für das Erleben sowie
die individuelle Stimmung eines Gartens.
Wie bei den baulichen Elementen und der
Ausstattung mit Mobiliar steht auch bei
der Auswahl der Bepflanzung die Suche
nach einer nachvollziehbaren, gestalterischen Einheit im Mittelpunkt. Je einfacher das Pflanzkonzept, umso eindeu-
tiger wird dessen Aussage verständlich.
Die Kunst besteht also darin, innerhalb
eines klaren, umfassenden Leitprofils für
die Bepflanzung einen hohen Grad an
überraschen Details zu erreichen, ohne
von der zentralen Idee abzulenken.
Dieser Zusammenhalt kann beispielsweise erreicht werden über die immer
wiederkehrende Planzung einer oder
mehrerer Pflanzen oder die Reduktion

Herbstansicht von Stauden und Ziergräsern in Sonnenlage.

der Auswahl auf wenige Arten und Farben.

Bei der Konzeption der Gartenbepflanzung kann nach unterschiedlichen Prinzipien vorgegangen werden. Das Prinzip der „Leitpflanzen", die dominant sind und das Bild prägen sollen, ist eines davon. Andere verfolgen ein Konzept der Veränderung. Der französische Landschaftsarchitekt Gilles Clément plädiert für die Gärten in Bewegung. Er gesteht den Pflanzen durch ihre natürliche Vermehrung und Ausbreitung eine gewisse

Bewegung im Garten zu, die er nur geringfügig steuert, um attraktive Bilder zu erhalten. Ein weiteres Konzept besteht auf die rigide Einhaltung des geplanten Pflanzenbildes, erlaubt keine eigenständige Entwicklung oder zusätzlichen Samenanflug. Es ist also bei der Bepflanzung zu entscheiden, wie künstlich oder natürlich, wie statisch – also vorhersehbar – oder flexibel die Poetik und Atmosphäre des Gartens sein soll.

Wie andere Gestaltungselemente unterliegen auch die Pflanzen Modeströmungen. Aufgrund des lang andauernden Wachstums ist es besonders wichtig, darauf zu achten, nicht nur einem Modetrend zu folgen, sondern ein räumliches

Grundgerüst herzustellen, das zeitlos ist. Es können sogar Pflanzbereiche vorgesehen werden, die nach Übersättigung ausgetauscht werden können. Auf diese Bereiche kann sich das Raumkonzept des Gartens jedoch nicht stützen.

Hier wird ein Überblick über den gestalterischen Einsatz von Pflanzen gegeben. Botanische und gärtnerische Details sowie weitere theoretische Ansätze sollen in diesem Rahmen allerdings nicht vertieft werden und können der weiterführenden Literatur (siehe Seite 140f) entnommen werden.

Schattenpflanzen mit differenzierter Blattstruktur.

Standortbedingungen

Die Basis für die Pflanzenliste stellen in erster Linie die konkreten Standortbedingungen jedes Gartens dar. Für eine erfolgreiche Entwicklung der Vegetation sollten die Pflanzen den Konditionen des Gartens entsprechend ausgewählt und nicht der Garten an eine Pflanzenliste angepasst werden. Um Probleme in Entwicklung und Pflege der Bepflanzung zu vermeiden, ist die Kombination von Pflanzen mit ähnlichen Ansprüchen

hinsichtlich Klima und Mikroklima, Standort, Orientierung, Bodenbeschaffenheit und Bewässerung sinnvoll. Dabei sollte nicht vergessen werden, dass die Standortbedingungen in einem Garten nur selten komplett homogen sind. Auch auf kleinstem Raum sind bedeutende Unterschiede hinsichtlich des Mikroklimas sowie der Licht- und Bodenverhältnisse anzutreffen, woran es die Bepflanzung anzupassen gilt. Ebenso sollte bei der Kombination verschiedener Arten deren unterschiedliche Konkurrenzfähigkeit und Wuchsgeschwindigkeit beachtet werden. Sich rasch entwickelnde Arten sorgen zwar für gute Resultate innerhalb kürzester Zeit, bei fehlender Pflege wird

das Aufkommen anderer Pflanzen jedoch unterbunden. Besondere Aufmerksamkeit bei der Pflanzplanung gilt Sonderstandorten (z. B. Schwimmteiche und Gründächer), wobei die Vegetation zusätzlichen Ansprüchen, beispielsweise der Reinigung von Gewässern oder extremen Bedingungen bei reduzierter Pflegemöglichkeit, gerecht werden muss. In solchen Fällen sollte spezifische Fachliteratur oder die Meinung von Experten zu Rate gezogen werden. Die aufmerksame Beobachtung der Vegetation in Gärten und Parks der Umgebung gibt oft wertvollen Aufschluss über die spezifischen Ansprüche an Sonne, Schatten oder Wasserbedarf der dort erfolgreich kulti-

Lavendel (*Lavandula angustifolia*), Eibe (*Taxus baccata*), Johannisstrauch (*Hypericum* 'Hidcote') und Ziergräser in einer Pflanzung mit geringem Pflegeaufwand.

Arten ist allerdings ein heller, kühler und gut zugänglicher Raum zur Überwinterung oder ein Glashaus notwendig.

Pflegeaufwand

Die Frequenz und Professionalität der kontinuierlichen Pflege eines Gartens bestimmen die Entwicklung der Vegetation. Nach den Möglichkeiten der Instandhaltung und Betreuung eines Gartens sollten auch der Charakter und die genaue Artenzusammensetzung der Pflanzungen erfolgen. Attraktive Staudenrabatten nach englischem Vorbild erfordern beispielsweise ein hohes Maß an Aufmerksamkeit und Interesse und wirken bei mangelnder Pflege schnell vernachlässigt. Andererseits können Sie mit Hecken- und Strauchpflanzungen in Kombination mit anspruchslosen Ziergräsern und einer Auswahl pflegeleichter Blühstauden attraktive Pflanzungen planen, die auch mit wenig Pflege das ganze Jahr über interessant erscheinen.

Gestaltungsaussage

Bei der Erstellung der Pflanzliste ist zu prüfen, ob die gewählten Pflanzen dafür geeignet sind, einen gewünschten Effekt zu erzielen. Das kann die Betonung einer Linie, die Optik einer einheitlichen Fläche oder auch das Erzielen einer beabsichtigten Stimmung im Garten sein. Ist also die zentrale Gestaltungsaussage des

vierten Pflanzen. Ebenso aufschlussreich können Angebot und Informationen lokaler Baumschulen und Gärtnereien sein. Die Frage, ob und auf welche Art und Weise die für einen Garten gewünschten Pflanzen am Markt erhältlich sind, sollte ebenfalls schon während der

Planungsphase geklärt werden. Mediterrane oder subtropische Pflanzen können äußerst attraktiv (vor allem als Kübelpflanzen) in Gärten der nördlichen Breiten zum Einsatz kommen und für exotische, südliche Stimmung sorgen. Bei der Verwendung frostempfindlicher

Entwurfs über die Wahl der Pflanzen klar erkennbar? Zur Beantwortung dieser Fragen ist eine gute Kenntnis aller Details der möglichen Pflanzen Voraussetzung. So sollte man zum Beispiel neben der charakteristischen Wuchsform, Blühdauer und -intensität auch mit der Veränderung der Vegetation während aller Vegetationsperioden vertraut sein. Eine klar definierte Linie im Garten kommt mit der Verwendung einer aufrechten, säulenförmigen Baumart besser zur Geltung, während die Stimmung eines lockeren Hains besser mit Obstgehölzen erreicht wird.

Farben und Texturen

Innerhalb der Vegetationspalette unterscheiden sich die verschiedenen Arten und Varietäten hinsichtlich Farbe, Textur, Aroma, Form und Volumen der einzelnen Pflanzenteile (z. B. Frucht, Rinde, Blüte, Blatt). Dabei sind diese Charakteristika laufend Veränderungen (Jahreszeiten, Wechsel von Tag und Nacht) unterworfen. Zur erfolgreichen Arbeit mit Laub und Blütenfarben sollten einige grundsätzliche Überlegungen angestellt werden. Zuviel Farben und Texturen können verwirrend wirken und den gestalterischen Zusammenhang eines Entwurfs verwischen. Die Definition einer Farbpalette für die Vegetation in Einklang mit den generellen Gestaltungsprinzipien führt wie ein roter Faden durch den

Komposition von Blatt- und Blütenfarben

Garten und sollte nicht nur für die permanente Bepflanzung, sondern auch für die Wahl der Sommerblumen und Kübelpflanzen beachtet werden.

Die Farbkombinationen können entsprechend dem Entwurf sehr verschieden motiviert sein. Der Standort gibt jedoch oft Leitfarben vor. So sind bei Schattenpflanzen vorwiegend helle Blütenfarben (z. B. Weiß oder Hellblau) anzutreffen, während kräftige Rot- und Gelbtöne an sonnigen Standorten überwiegen. Einfach kombiniert werden kann beispielsweise in einem Farbschema von Gelb-Lila-Blau, Weiß-Blau-Grau oder Gelb-Rot-Orange. Eine wichtige Rolle spielt auch die Farbe der Laubblätter. Während sich Blühperioden abwechseln und teils nur von geringer Dauer sind, bestimmt das Laub über lange Zeit das Bild des Gartens. Der Einsatz von buntem oder panaschiertem Laub kann auffallende Effekte erzeugen. Es gilt jedoch Rücksicht zu nehmen auf den Hintergrund und die gesamte farbliche Komposition im Garten. Damit kräftige Farben beziehungsweise Pflanzen mit starkem Charakter besser zur Geltung kommen, muss ein entsprechender Rahmen geschaffen werden.

Zeit und Raum

Die Faktoren Zeit und Raum sind wichtige Daten in Bezug auf die Pflanzplanung. Die Veränderung der Vegetation im Laufe der Jahreszeiten (z. B. Laubfall) kann eine wichtige Rolle spielen, beispielsweise bei der Wahl geeigneter Gehölze für Begrenzungen oder zum Sichtschutz. Die Entscheidung nach Dauer und Dichte der Belaubung von Bäumen ist ebenfalls ausschlaggebend in Bezug auf den Wunsch nach Sonne oder Schatten im Garten oder den angrenzenden Wohnraum. Überlegungen zum kontinuierlichen Wachstum der Gartenpflanzen sind wichtig, wenn es darum geht, zwischen Ungeduld in Bezug auf die Entwicklung neu angelegter Gärten und deren Herstellungskosten abzuwägen. Steht der Wunsch nach einem raschen Ergebnis im Vordergrund, so kann mit höherer Dichte und größeren Pflanzen gearbeitet werden. Die kostengünstigere Alternative ist die Verwendung von kleinerem Pflanzmaterial.

Vor allem bei der Wahl von Bäumen sollten Sie unbedingt die Höhenentwicklung und natürliche Wuchsform der Gehölze mit der Größe des Gartens in Beziehung bringen. Über die vorausschauende Wahl des Baumbestands können Sie radikale Schnittmaßnahmen bereits in der Planungsphase vermeiden.

Instrumente zur Planung der Bepflanzung

Zur Planung und Organisation der Vegetation in einem Gartenprojekt stehen verschiedene Instrumente zur Verfügung.

Pflanzkonzept

Erster Schritt bei der Erstellung der Pflanzplanung ist das Erstellen eines Pflanzkonzepts. Entsprechend der Leitidee für den Entwurf und den Überlegungen zu den Standortbedingungen, möglicher Pflege des Gartens und dem Farbkonzept erfolgt die Auswahl der einzelnen Arten. Um sich einen guten Überblick zu verschaffen, kann das Zusammenstellen der Pflanzenauswahl beispielsweise mit Hilfe von Bildern aus Katalogen von Gärtnereien und Baumschulen oder auch mit Fotos von Pflanzen aus dem Internet oder einem privaten Archiv erfolgen. Die Anordnung der Pflanzenbilder als Collage ermöglicht auf übersichtliche Weise das Kombinieren und Gliedern der Bepflanzung. Die Bilder vereinfachen die Verarbeitung der unterschiedlichen Informationen zu Wuchs- und Lebensformen der Pflanzen und vor allem kann die Orientierung der Auswahl am Farbkonzept mit einem Blick geprüft werden.

Unterschiedliche Blattstrukturen in einem Gemüsebeet.

Vegetationskalender

Von der vorläufigen Auswahl an Pflanzen
wird ein Vegetationskalender erstellt, der
die Bepflanzung so zu planen hilft, dass
der Garten während des gesamten Jahres
ein attraktives Aussehen bietet. Betrachtet werden dazu der Blühzeitpunkt, die
Blühdauer und die Veränderungen des
Laubes der Vegetation, das Vorkommen
auffälliger Früchte oder spezielle Eigenschaften einzelner Pflanzen (z. B. interessante Farbe der Rinde oder besonderer
Aspekt im Winter). In einfachen Balken-
diagrammen können Farben und Dauer
der verschiedenen Ereignisse dargestellt
werden. Über diese Zusammenstellung
der vielfältigen Information kann die
Pflanzenauswahl nochmals auf das
zeitliche und räumliche Zusammenwir-
ken von Farben und Sensationen im
Garten überprüft werden. Besondere
Beachtung gilt dabei der richtigen Insze-
nierung von wichtigen Solitärgehölzen
im Garten. Eine Stern-Magnolie (*Magno-
lia stellata*) als Blickfang benötigt nicht
nur einen besonderen Platz im Garten,
sondern es bedarf auch einiger Überlegungen zu den gleichzeitigen Blühereig-
nissen der Vegetation in unmittelbarer
Umgebung. Im Vegetationskalender
können auch schnell „Schwachpunkte"
im Gartenjahr erkannt werden, beispielsweise die weniger blütenreichen Som-
mermonate oder das Fehlen von interessanten Aspekten in der Wintervegetation.
Abhilfe kann man mit Sommerblumen,

Der temporäre Garten
auf den Bahngleisen
vor dem Büro Rotzler,
Krebs & Partner im
Wandel der Jahres-
zeiten.

Kübelpflanzen oder interessanten immergrünen Gehölzen schaffen.

Pflanzplan

Steht die endgültige Pflanzliste fest, wird sie in einen detaillierten Pflanzplan eingearbeitet. Die Plandarstellung, der genauen Standort jeder Pflanze und die Stückzahl sind die Grundlagen für die Ausführung der Pflanzarbeiten.

Dargestellt werden sowohl bestehende als auch neu zu pflanzende Bäume und Sträucher (mit Angaben zu Stamm- und Kronenumfang). Es werden detaillierte Angaben zum Pflanzenbedarf pro Quadratmeter und der Gruppierung von Stauden und Bodendeckern gemacht. Bei aufwändigen Staudenpflanzungen empfiehlt sich eine genauere Darstellung des Pflanzschemas in einem größeren Maßstab. Ein kolorierter Pflanzplan kann dazu verwendet werden, die jahreszeitliche Entwicklung der Bepflanzung anschaulich abzubilden.

Pflanzliche Elemente

Strukturpflanzen

Zu den Strukturpflanzen zählen alle Pflanzen, die während des ganzen Jahres eine starke Präsenz im Garten haben und der Gestaltung Kontinuität verleihen. Darunter fallen die Laub- und Nadelbäume, Hecken- und Solitärsträucher sowie die Ziergräser, die auch noch in trocke-

nem Zustand einen wichtigen Teil der Bepflanzungen darstellen. Diese Pflanzengruppen bilden das gestalterische Gerüst und definieren den Garten vor allem während der Wintermonate, wenn die restliche Bepflanzung eingezogen ist und sich Farbe und Struktur in der Vegetation verändern. Während der Wachstumsperiode strukturieren diese Pflanzen den Garten und bilden Rahmen und Hintergrund für das restliche Geschehen. Neben dem Volumen, Habitus und der Blattstruktur erfordert das Zusammenspiel der Blühperioden von Gehölzen und

Stauden besondere Aufmerksamkeit bei der Erstellung der Pflanzplanung.

Gruppenpflanzen und Füller

Die Gruppenpflanzen und Füller sorgen innerhalb der Bepflanzung für Volumen und sind verantwortlich für Dynamik und Rhythmus während des Gartenjahres. Vor allem anhand der mehrjährigen Stauden werden die Veränderungen der Vegetation während der vier Jahreszeiten gut erlebbar – der Austrieb der Laubblätter, die Blüte und Entwicklung der Fruchtstände sowie das Verwelken oder Einzie-

Beispiele für Strukturpflanzen

Bäume

Acer platanoides (Spitz-Ahorn)
Prunus serrula (Tibet-Kirsche)
Malus 'Profusion', *Malus* 'Golden Hornet' (Gartensorten vom Zier-Apfel)
Betula pendula (Weiß-Birke)
Tilia cordata (Winter-Linde)

Solitär- und Heckensträucher

Carpinus betulus (Hainbuche)
Cornus sanguinea (Blut-Hartriegel)
Cornus stolonifera 'Flaviramea' (Gelbholziger Hartriegel)
Salix purpurea (Purpur-Weide)

Acer campestre (Feld-Ahorn)
Buxus sempervirens (Buchsbaum)
Taxus baccata (Eibe)
Berberis thunbergii (Hecken-Berberitze)
Cotinus coggygria (Perückenstrauch)
Crataegus monogyna (Weißdorn)

Ziergräser

Pennisetum alopecuroides 'Hameln' (Lampenputzergras)
Miscanthus sinensis 'Gracillimus' (Chinaschilf)
Calamagrostis×acutiflora 'Karl Foerster' (Reitgras)
Deschampsia caespitosa (Waldschmiele)

Art/Sorte	XII-II	III	IV/V	VI/VII	VIII/IX	X/XI	Bemerkungen
Acer griseum	FA						rotbrauner Stamm
						FA	rotes Herbstlaub
	FO						Strukturbildner
Oliv							
Hebe ochracea	B/FA						olivfarbenes, immergrünes Laub
Ocker							
Carex petriei	FA						ockerfarbenes Laub
	B						lineale Blätter
Heuchera 'Amber Waves'				FA			blüht blassrosa
	FA						bernsteinfarbenes Laub
	B						herzförmige Blätter
Achillea 'Circus'				FA			blüht ockergelb
	FO			FO			grafisch angeordnete Blütenstände
Gelbgrün							
Heuchera 'Lime Rickey'				FA			blüht weiß
	FA						gelbgrünes Laub
	B						rundliche Blattkontur
Euphorbia seguieriana				FA			blüht frisch gelbgrün
		FO					lineale Blätter
Mauerwinkel	FO						vertikale Wand
	FA						heller Hintergrund

FA Farbereignis (Blüten, Früchte, Sommerlaub, Herbstfärbung)

FO Formprägnanter Wuchs (vertikal, horizontal, Kugel, sparrig, Überhänger …)

B durch Kontur, Größe, Glanz, Lineatur usw. markante Belaubung

III März, Vorfrühling

IV/V April/Mai, Frühling

VI/VII Juni/Juli, Sommer

VIII/IX August/September, Spätsommer/ Frühherbst

X/XI Oktober/November, Herbst

XII-II Dezember bis Februar, Winter

Beispiel für einen Ereigniskalender der Vegetation

hen der Pflanzen. Bei der Arten- und Sortenauswahl kommt der genauen Beurteilung der Wuchshöhen, des natürlichen Habitus' sowie der jahreszeitlichen

Entwicklung jeder Pflanze besondere Bedeutung zu. Ziel der Komposition sollte eine möglichst ausgewogene, aber vielfältige Pflanzengemeinschaft sein, deren Mitglieder sowohl identische Ansprüche an die lokalen Boden-, Licht- und Wasserverhältnisse haben als auch ein ähnliches Wuchs- und Ausbreitungsverhalten.

Die Verwendungsmöglichkeiten von Pflanzen werden von verschiedenen Faktoren bestimmt. Darunter fallen der natürliche Habitus, das Wuchsverhalten und der jahreszeitliche Entwicklungsrhythmus. Für den Einsatz als Bodendecker sind Pflanzen besser geeignet, die sich durch eine rasche Wuchsgeschwindigkeit, immergrünes Blattwerk und

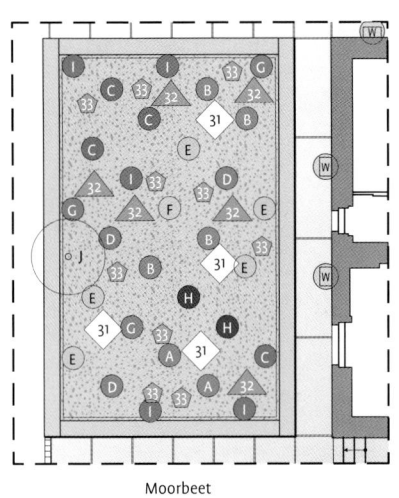

Moorbeet

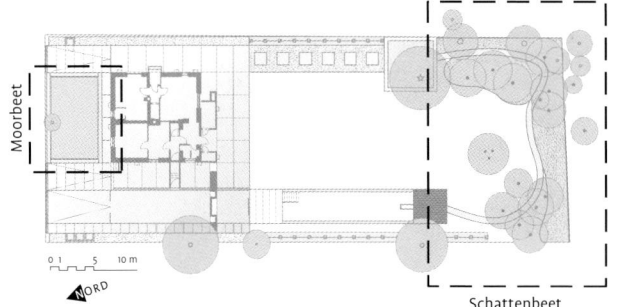

Moorbeet

Schattenbeet

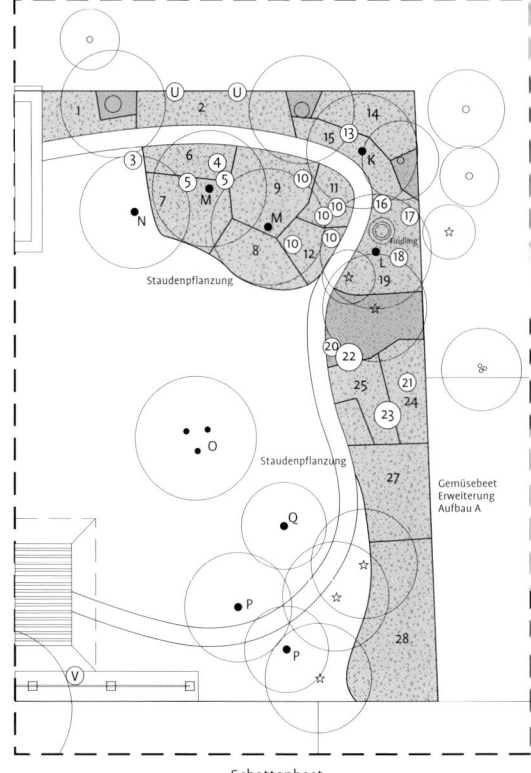

Schattenbeet

Moorbeet	Kürzel	Botanischer Name	Deutscher Name	Qualität	Anzahl	Blütenfarbe	Blühzeit Reifezeit	Wuchshöhe in cm
Kletterpflanzen	W	*Parthenocissus tricuspidata* 'Veitchii'	Zier-Wein	TB	6			8-15m
Laubgehölze	A	*Azalea mollis-sinensis* 'Koster´s Brilliant Red'	Azalee	Bu.mB. 30/40	2	scharlach-orange	V-VI	150
	B	*Azalea Knaphill* 'Gibraltar'	Azalee	Bu.mB. 30/40	4	kupferrot	IV-V	100-150
	C	*Azalea Knaphill* 'Satan'	Azalee	Bu.mB. 30/40	4	scharlach	V-VI	100-150
	D	*Azalea Knaphill* 'Tunis'	Azalee	Bu.mB. 30/40	3	orangerot	V-VI	100-150
	E	*Azalea pontica-rustica* 'Coccinea Speciosa'	Azalee	Bu.mB. 30/40	5	lachs-orange	IV-V	-200
	F	*Azalea pontica-rustica* 'Nancy Waterer'	Azalee	Bu.mB. 30/40	1	goldgelb	IV-V	-200
	G	*Azalea pontica-rustica* 'Unique'	Azalee	Bu.mB. 30/40	3	orange gezeichnet	IV-V	-200
	H	*Azalea japonica* 'John Cairns'	Azalee	Bu.mB. 30/40	2	dunkelrot	IV-V	-100
	I	*Azalea japonica* 'Orange Beauty'	Azalee	Bu.mB. 30/40	5	orangerot	IV	-100
Obstgehölze	J	*Vaccinium corymbosum*	Garten-Heidelbeere	Bu.mB.	30		VII-VIII	80
	J	*Vaccinium vitis-idaea*	Preiselbeere	Bu.mB.	40		VII-VIII	30
Stauden	31	*Galanthus nivalis*	Schneeglöckchen		32	weiß	II-III	15
	33	*Luzula sylvatica*	Hainsimse		10			25-40
	32	*Scilla bifolia*	Blaustern		30	blau	IV-V	15

Abkürzungen: Bu.mB. Busch mit Erdballen
TB Topfballen

Pflanzplan zu einem Wiener Garten (siehe S. 25, 40 und 42)

Schattenbeet	Kürzel	Botanischer Name	Deutscher Name	Qualität	Anzahl	Blütenfarbe	Blühzeit Reifezeit	Wuchshöhe in cm
Kletterpflanzen	U	*Clematis tangutica*	Gold-Waldrebe	TB	2	gelb	VI-X	300
	V	*Wisteria floribunda 'Macrobotrys'*	Blauregen	Sol.mB.100/150	3	kobalt-violettblau	V-VI	800
Laubgehölze	N	*Acer capillipes*	Schlangen-Ahorn	Sol.mB. 200/250	1	grünweißlich	V	6-9m
	K	*Acer platanoides 'Schwedleri'*	rotaustr. Spitz-Ahorn	H mB.STU 18/20	1			
	L	*Carpinus betulus 'Fastigiata'*	Säulen-Hainbuche	Sol. mB. 350/400	1			
	O	*Magnolia x soulangiana*	Garten-Magnolie	2 stäm. mB. 200/250	1	weißlichrosa	IV-V	-6m
	P	*Prunus padus*	Trauben-Kirsche	Sol.mB. STU 18/20	2	weiß, wohlriechend	IV-V	10-15m
	M	*Zelkova carpinifolia*	Zelkove	Sol.mB. 250/300	2			
Obstgehölze	Q	*'Hedelfinger Riesenkirsche'*	Kirsche	H	1		VII	
Saat- bzw. Jungpflanzen	27	Kürbis in Sorte			2			
	27	Zucchini gelb, grün			6			
Stauden	14	*Aconitum wilsonii*	Eisenhut		30	amethystblau	VIII-X	150
	24	*Aconitum x arendsii*	Eisenhut		28	dunkelblau	IX-X	80-100
	23	*Anemone japonica 'Königin Charlotte'*	Herbst-Anemone		3	silbrig-violettrosa	VIII-X	100
	22	*Anemone japonica 'Prinz Heinrich'*	Herbst-Anemone		3	dunkelrot	VIII-X	60
	26	*Anemone nemorosa*	Busch-Windröschen		8	weiß	IV-V	10
	13	*Aruncus sylvester*	Wald-Geißbart		6	gelblich-weiß	VI-VII	120-180
	2	*Asarum europaeum*	Haselwurz		40	bräunlich, versteckt	III-IV	10
	16	*Athyrium filix-femina*	Frauenfarn		1			70
	9	*Campanula macrantha*	Wald-Glockenblume		50	violettblau	VI-VII	100
	21	*Carex pendula*	Riesen-Segge		1		VI-VII	80-100
	20	*Carex plantaginea*	Breitblatt-Segge		1		V-VI	40
	5	*Cimicifuga cordifilia*	Silberkerze		2	cremeweiß	VIII-X	200
	18	*Dryopteris filix-mas*	Wurmfarn		1			100
	8	*Hemerocallis 'Jake Russel'*	Taglilie		28	leuchtend goldgelb	VI-VIII	80
	7	*Hemerocallis 'Sammy Russell'*	Taglilie		35	ziegelrot	VI-VIII	70
	26	*Hepatica nobilis*	Leberblümchen		10	blau	III-IV	10-15
	12	*Hosta lancifolia*	Funkie		7	dunkelviolett	VIII-IX	45-60
	12	*Hosta sieboldiana 'Elegans'*	Funkie		13	weiß-zartviolett	VII-VIII	60
	15	*Hosta venusta*	Funkie		20	dunkelviolett	VII-VIII	10-25
	11	*Lamium maculatum 'Anne Greenaway'*	Taubnessel		18	hellpurpur	IV-VII	20
	10	*Lilium henryi*	Gelber Türkenbund		5	orangegelb	VIII-IX	120-200
	1	*Lysimachia punctata*	Gold-Felberich		25	goldgelb	VI-VIII	80
	19	*Omphalodes verna*	Wald-Vergissmeinnicht		25	himmelblau	IV-V	10-20
	19	*Omphalodes verna 'Alba'*	Wald-Vergissmeinnicht		25	weiß	IV-V	10-20
	17	*Osmunda regalis*	Königsfarn		1			100-120
	25	*Pulmonaria rubra*	Lungenkraut		40	ziegelrot	III-V	40
	4	*Rodgersia sambucifolia*	Schaublatt		1	weiß	VI-VII	70-100
	3	*Rodgersia tabularis*	Schaublatt		1	weiß	VI-VII	100-150
	2	*Tiarella cordifolia*	Schaumblüte		10	weiß	IV-V	20
	2	*Tiarella wherryi*	Schaumblüte		10	weiß, rosa überhaucht	V-VII	35
	28	*Vinca minor*	Immergrün		150	blauviolett	IV-V	10-15
	6	*Waldsteinia ternata*	Gold-Erdbeere		30	gelb	IV-VI	10
WIESE Zwiebelpflanzen		Krokus, Narzissen, Tulpen			120	gelb-orange	III-IV	8-12

Abkürzungen:	Bu.mB.	Busch mit Erdballen
	H	Hochstamm
	H mB.	Hochstamm mit Erdballen
	Sol.mB.	Solitärpflanze mit Erdballen
	TB	Topfballen
	StU	Stammumfang in cm, gemessen in 1m Höhe

Beispiele für Gruppenpflanzen und Füller

Mehrjährige Stauden, Zwerg- und Halbsträucher

Geranium sanguineum (Storch-
schnabel)
Geranium 'Johnson's Blue' (Storch-
schnabel)
Hemerocallis 'Stafford' (Taglilie)
Hemerocallis citrina (Taglilie)
Perovskia atriplicifolia 'Blue Spire'
(Blauraute)
Sedum telephium 'Herbstfreude'
(Fetthenne)
Sedum spectabile 'Brilliant'
(Pracht-Sedum)
Alchemilla mollis (Frauenmantel)
Achillea millefolium 'Citrona'
(Schafgarbe)
Achillea filipendulina 'Parker's
Variety' (Hohe Schafgarbe)

Lavandula angustifolia 'Hidcote
Blue' (Lavendel)
Nepeta × faassenii 'Six Hills Giant'
(Katzenminze)
Rudbeckia fulgida 'Goldsturm'
(Sonnenhut)
Coreopsis verticillata 'Moonbeam'
(Mädchenauge)
Echinacea purpurea 'Abendstern'
(Sonnenhut)

Bodendecker

Pachysandra terminalis
(Dickanthere)
Fragaria vesca (Wald-Erdbeere)
Hedera helix (Efeu)
Stachys byzantina 'Silberteppich'
(Ziest)
Cerastostigma plumbaginoides
(Bleiwurz)
Heuchera micrantha 'Palace Purple'
(Purpurglöckchen)
Festuca glauca (Blau-Schwingel)
Vinca minor (Immergrün)

einen niedrigen, dichten und ausläufer-bildenden Wuchs auszeichnen. Für die Bestimmung der zu verwendenden Stückzahl an Pflanzen pro Quadratmeter gibt es keine fixen Werte. Die Pflanzdichte richtet sich vielmehr nach der Größe des verwendeten Pflanzenmaterials, nach dessen Wuchsgeschwindigkeit sowie der Geduld der Gartenbesitzer bis zum Erreichen eines vollständigen Deckungsgrades der Vegetation. Soll eine Bepflanzung sehr rasch wirksam werden, kann am Anfang dichter gepflanzt werden und nach ein paar Jahren der Bewuchs wieder vorsichtig ausgedünnt werden. Richtwerte können der Orientierung dienen und an die jeweilige Situation angepasst werden.

Akzente mit Pflanzen

Um mit der Bepflanzung für auffallende Akzente im Garten zu sorgen, bestehen verschiedene Möglichkeiten. Architektonische Pflanzen, die sich durch eine charakteristische Gestalt auszeichnen, stellen über einen längeren Zeitraum einen Blickfang dar, während mit einer besonders üppigen oder intensiven Blüte (beispielsweise durch Zwiebelpflanzen oder Rosen) zeitlich begrenzte, aber effektvolle Überraschungsmomente entstehen können. Einjährige Stauden und Sommerblumen sind wirkungsvolle Lückenfüller, die mit ihrem auffallenden Blühaspekt gut von Schwachstellen in der Bepflanzung ablenken. Damit die

Auffallendes Blattwerk mit (v. li. n. re.):
Schildblatt (*Darmera*)
Buchs (*Buxus*) und
Schaublatt (*Rodgersia*).

Akzente im Garten gut zur Wirkung kommen, müssen sie richtig inszeniert werden. Dies kann sowohl über eine Solitärstellung als auch über die Potenzierung des Effekts mittels Gruppierung oder Wiederholung der Pflanzen geschehen.

Etagenartig aufgebautes, fein abgestimmtes Staudenbeet mit Bodendeckern, Füllern und Solitärstauden.

Beispielhafte Gartenplanung

Der folgende Garten von Kienast + Vogt überzeugt durch sein klares Nutzungs- und Gestaltungskonzept, das mit nur wenigen Materialien und Pflanzen umgesetzt wurde. Es veranschaulicht die Bedeutung gestalterischer Konzeption.

Beispielgarten:

Neuanlage im Zuge der Erweiterung des Wohnhauses

Steckbrief

Größe: 800 m²
Baujahr: 1995
Lage: Basel, Schweiz
Planung: Dieter Kienast + Vogt

Anforderungen an die Planung

Anlass für die Planung des Gartens war die Erweiterung eines streng formalen Wohngebäudes mit Atelier aus den frühen 1930er Jahren des Baseler Architekten und Bauhausschülers Rudolf Preiswerk. Die mit dem Umbau beauftragten Architekten Herzog & de Meuron zogen auf Wunsch der Bauherrin für die

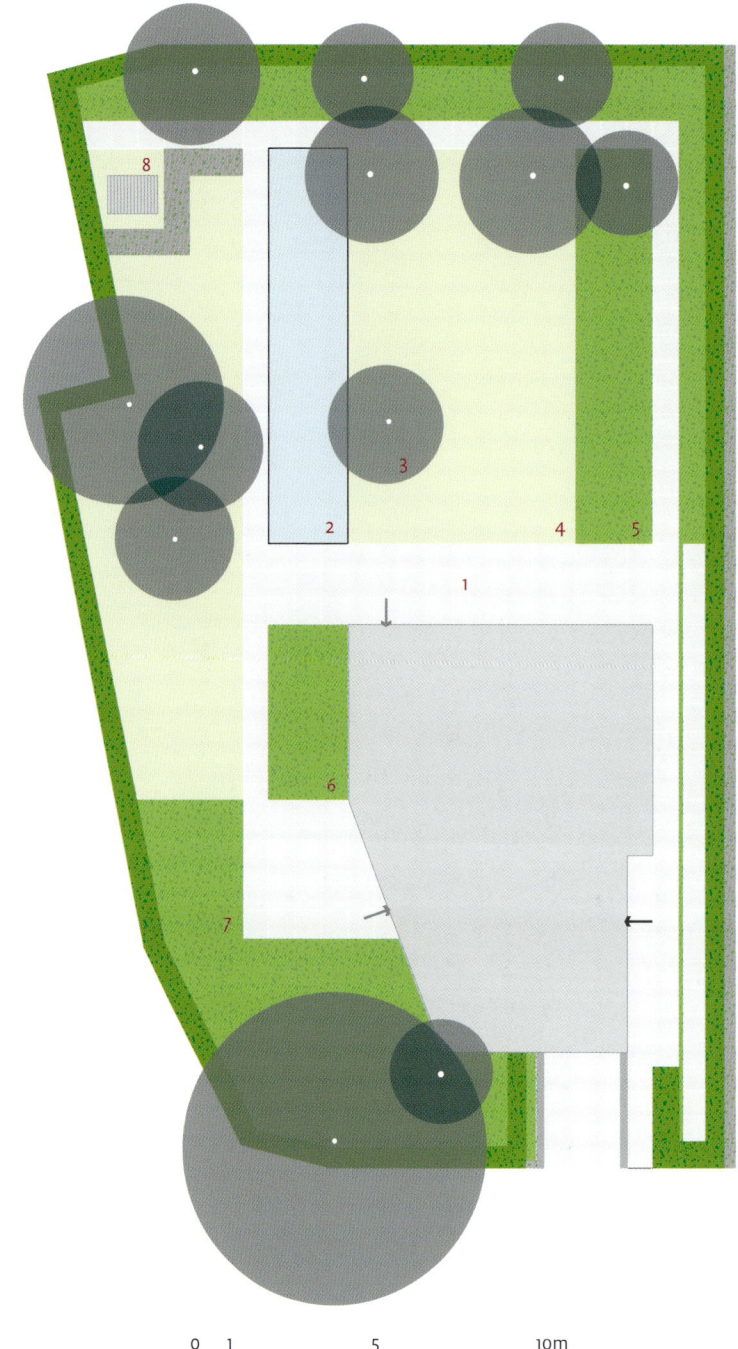

1 Terrasse
2 Wasserbecken
3 Blütenhartriegel
4 zentrale Wiesenflä
5 Staudenstreifen
6 Ahornbeet
7 Farngarten
8 Kompost

0   1   5   10m

Der Blick über zentrale Wiesenfläche in
Richtung Wohnhaus.

Beispielhafte Gartenplanung

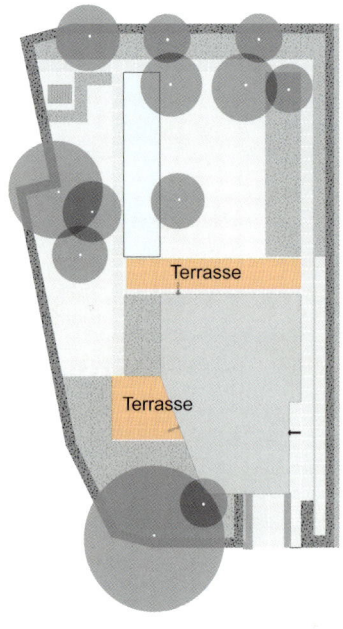

NUTZUNGSKONZEPT
Nutzungsmöglichkeiten

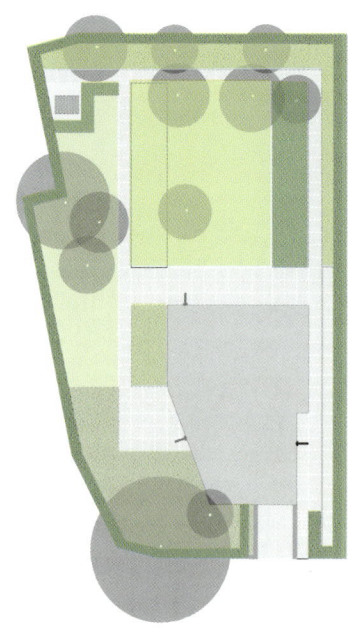

Pflegeansprüche

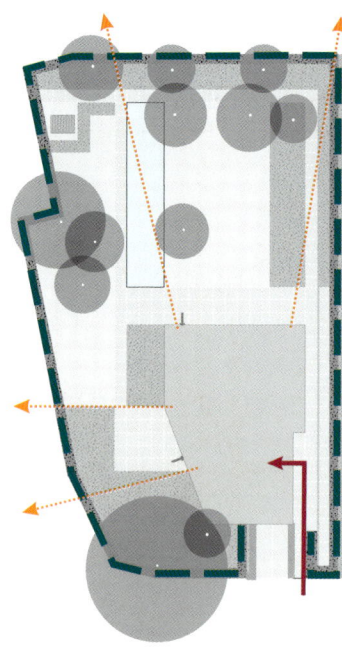

Beziehung mit der Umgebung

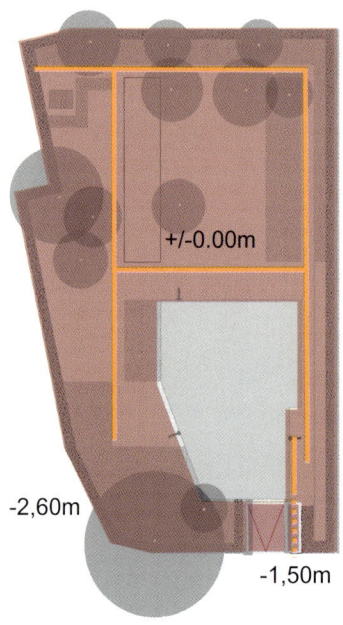

GESTALTUNGSKONZEPT
Topografie und Wege

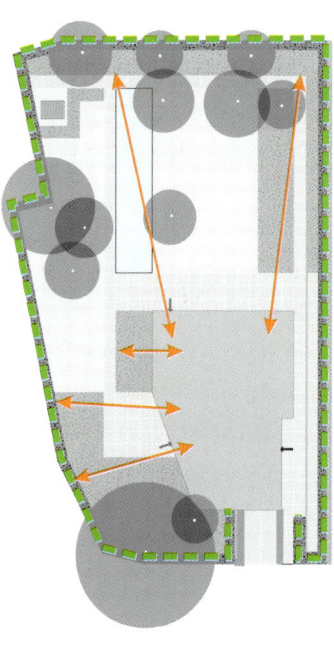

Grenzen und Sichtbezüge

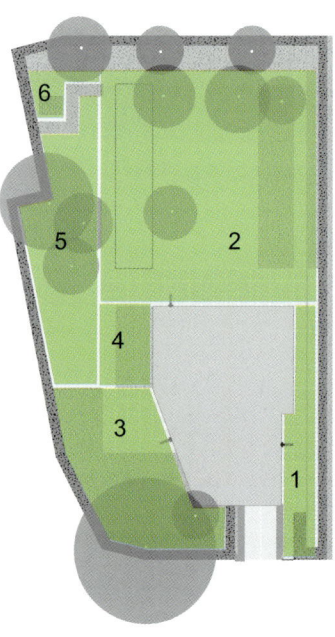

Teilräume

Hinweis:
Die Gartenporträts auf den Seiten 104ff.
sind nach demselben Schema dargestellt. Ihre
Plangrafik bedient sich derselben Legende.

LEGENDE

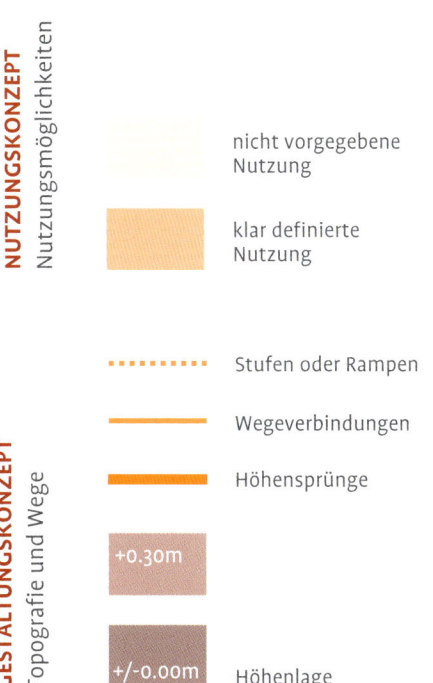

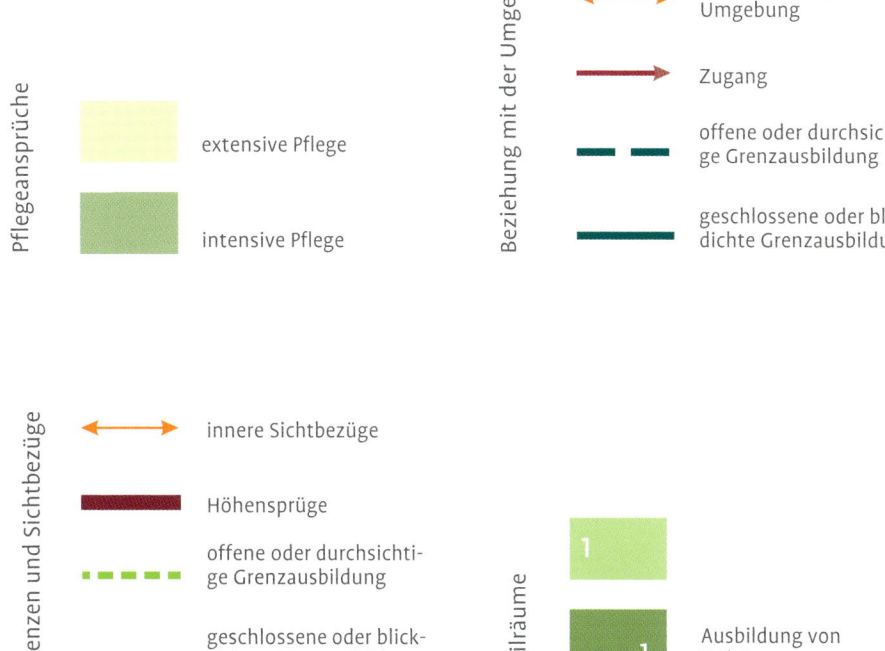

Gestaltung des Gartens den Schweizer Landschaftsarchitekten Dieter Kienast hinzu. Die Besitzerin des Gartens wünschte sich einen pflegeleichten, schlichten Garten, der zur Architektur passen und auch vom Haus aus erlebbar sein sollte. Der Anspruch an die Gestaltung war hoch – gesucht war ein Garten zum Ausspannen und Erholen mit einfachen, klaren Formen und subtilem Einsatz von Blüten und Blattstrukturen.

Der Garten befindet sich in ruhiger Hanglage eines gediegenen Wohnviertels nahe der Stadt Basel. Die großzügigen Nachbargrundstücke verfügen über einen mächtigen Baumbestand, der dem Garten als markante Kulisse dient.

Nutzungskonzept

Der Garten sollte in erster Linie ein ruhiger Ort zur Entspannung im Freien sein und bietet Aufenthaltsbereiche für verschiedene Tages- und Jahreszeiten. Nach dem Umbau diente er noch einige Jahre dem Kinderspiel. Die südseitige Terrasse vor der Küche und dem Esszimmer kann bereits mit den ersten Sonnenstrahlen im Frühjahr als Sitzplatz benutzt werden, der Überhang des Balkons schützt auch bei Regengüssen. Die zentrale Wiesenfläche bietet Platz zum Spielen und Austoben, kann aber ebenso

Wegführung entlang des Staudenstreifens

Ausbildung eines deutlichen Höhenunterschieds zwischen den beiden Hecken löst den strengen Rahmen auf und spielt mit den Unterschieden in Farbe und Textur der beiden Pflanzenarten.

Einsehbarkeit und Blickbeziehungen

Aufgrund der hohen Hainbuchenhecke ist der Garten an der Süd- und Westseite von außen kaum einsehbar. Die Rodung der Robinien entlang der Ostseite des Grundstücks öffnet diese einst ebenfalls blickdichte Grenze. Aufgrund eines deutlichen Höhensprungs zum vorbeiführenden Weg ist der Garten jedoch auch weiterhin nicht von Passanten einsehbar. Vom ungefähr 1 m unter dem Gartenniveau liegenden Zugang an der Nordseite des Grundstücks eröffnet sich entlang der Hainbuchenhecke nur ein schmaler Ausblick zum Staudenstreifen im zentralen Bereich des Gartens, der die Neugier zum Eintritt in den Garten weckt.

Anbindung und Erschließung

Der nördliche Eingang ist der einzige Zugang zu Haus und Garten. Man kann ins Haus treten, ohne den Garten passieren zu müssen. Die Hainbuchenhecke begleitend, weist ein langer Streifen aus Frauenmantel in der Fuge der großen, quadratischen Betonplatten den Weg in den Garten.

als Liegewiese oder Meditationsplatz genutzt werden.

Der Farngarten vor der großzügigen Glasfassade des Wohnzimmers im Nordosten des Gebäudes spendet Kühle und Schatten an heißen Sommernachmittagen. Nach der Rodung der Akazienallee, die außerhalb des Grundstücks entlang der Ostseite des Gartens verlief, hat der Farngarten die dichte Kulisse der Baumkronen verloren. Aufgrund der Orientierung bleibt er aber ein angenehmer Sitzbereich während der warmen Tagesstunden.

Pflege

Sowohl die verschiedenen Staudenpflanzungen im Garten als auch die Wiesenfläche erfordern ein geringeres Maß an kontinuierlicher Pflege. Ein präziser Schnitt ist jedoch für die liegenden Buchsbaumquader im zentralen Staudenbeet und die Hainbuchen- und Thujenhecken entlang der Grundstücksgrenzen nötig. Die Familie übernimmt den Großteil der anfallenden Gartenarbeiten selbst. Für die aufwändigeren Arbeiten im Frühjahr und Herbst wird sie durch einen Gärtner unterstützt.

Beziehung zur Umgebung

Ausbildung der Grenzen

Der Garten wird an allen Seiten von einer dichten Hainbuchenhecke umrahmt, die zum westlich angrenzenden Nachbargrundstück um eine zweite Reihe in Form einer Thujenhecke ergänzt wird. Die

Gestaltungskonzept

Organisation und Definition von Räumen

Topografie: Der gesamte Garten befindet sich auf einer durchgehenden, leicht abfallenden Ebene. Zum tiefsten Punkt im Nordosten, außerhalb des Grundstücks und zum Weg entlang der Ostseite des Grundstücks besteht ein Höhenunterschied von mehreren Metern.

Sichtbezüge: Die Blickbezüge zwischen innen und außen spielen bei diesem Gartenprojekt eine besondere Rolle. Der Farngarten wirkt – durch die zweigeschossige, rahmenlose Fensterfront des Wohnzimmers gesehen – wie ein Bild in Grüntönen und wird so Teil des großzügigen Wohnraumes. Durch die Beleuchtung der Bepflanzung mit einzelnen Spots setzt sich der Blickbezug zwischen Haus und Garten auch in der Dunkelheit fort. Der Blüten-Hartriegel im zentralen Gartenraum steht im Mittelpunkt der vom Essbereich ausgehenden Aussicht in den Garten. Den Hintergrund bilden die Hecke mit der Textur der davorliegenden

Blatt- und Blütenstauden sowie die Baumkronen der Nachbargrundstücke. Der breite Staudenstreifen und das Wasserbecken fungieren als Verbindung zwischen den unterschiedlichen Bildebenen. Vom schmalen Küchenfenster aus führt der Blick auf das feine, grüne Blätterdach der Sammlung von Fächer-Ahornen.

Beziehung zur Architektur: Die klare Geometrie des Gartens entspricht dem schlichten Gestaltungsprinzip der Architektur des Wohnhauses. Der Plattenweg fasst Wasserbecken, Wiesenfläche und Pflanzbeet zusammen und bindet sie in einer klaren Geometrie an das Haus an. Besonders stark ist die Beziehung zwischen Haus und Garten vor dem Wohnbereich, wo Innen und Außen fließend ineinander übergehen. Der dunkle Schieferboden des Wohnraums geht an der Linie der Glasscheibe in die großformatigen Betonplatten über – die große Fensterfront verschwindet.

Wege: Der schmale Plattenweg wird vom sitzenden Betrachter nicht wahrgenommen. Begeht man ihn, macht er den Garten erfahrbar. Der Weg schafft einen

Wasserbecken neben Blumen-Hartriegel
(*Cornus kousa*)

Rahmen für die Gestaltung und funktioniert als Klammer zwischen Haus und Garten sowie als subtile Verbindung der einzelnen Gartenräume.

Grenzen: Der Garten wird an allen Seiten von der durchgehenden Hecke umrahmt, die eine deutliche, visuelle Grenze zum Gartenraum und der Umgebung darstellt und den Eindruck eines geschlossenen und intimen Gartens vermittelt. Innerhalb des Gartens werden die einzelnen Teilräume durch den Weg und die Pflanzflächen begrenzt.

Ausblick aus dem Wohnzimmer in den Farngarten

Beziehung und innere Organisation von Räumen

Raumgliederung: Vom schlichten Eingangsbereich aus führt ein Streifen aus Frauenmantel als Wegweiser in den Garten. Der zentrale Bereich des Gartens wird durch die drei Elemente Wasser, Wiese und Staudenpflanzung definiert. Das Wasserbecken, die Wiesenfläche und der Pflanzstreifen stellen drei unterschiedliche Raumelemente dar und schaffen eine Verbindung zwischen den verschiedenen, vom Wohnhaus wahrgenommenen Bildebenen des Gartens. Durch das Volumen des Ahornbeets erfolgt eine deutliche räumliche Unterscheidung des Farngartens vom zentralen Gartenbereich.

Raumbezüge: Die einzelnen Teilräume im Garten – der Eingangsbereich, der zentrale Bereich und der Farngarten – werden durch den Plattenweg auf eine ruhige Art miteinander verbunden. Durch die Pflanzenauswahl und die gelungene Begrenzung verfügt jeder der Gartenräume über einen unterschiedlichen Charakter.

Materialkonzept

Die Auswahl weniger Materialien entspricht dem schlichten, aber präzisen Gestaltungsansatz für den Garten. Für die Befestigung der Oberflächen wird ausschließlich eine helle Betonplatte im Format 1,00 × 1,00 m mit einer feinen Textur verwendet. Kleine Variationen in

der Verlegeart werden über die Größe der Fugenabstände erreicht. Nur die Treppe beim Eingang in den Garten und die Abfahrt in die Garage sind mit Naturstein verlegt. Schwere Granitblöcke bilden die Stufen der Treppe. Vor der Garageneinfahrt wurde derselbe Granit als Kleinsteinpflaster im Bogenverband verlegt.

Die große Wasserfläche wird von einem Rahmen aus unbehandelten Baustahlträgern eingefasst. Der Übergang zwischen Wasserbecken und dem Plattenbelag ist mit feinkörnigem Splitt ausgefüllt.

Pflanzkonzept

Im Staudenbeet erzeugen Storchschnabel (*Geranium* spec.), Frauenmantel (*Alchemilla mollis*), Schaublatt (*Rodgersia* spec.), Kaukasus-Vergissmeinnicht (*Brunnera macrophylla*), Schildblatt (*Darmera peltata*) und Rosen einen dichten Blatteppich mit zarten Blüten in Weiß und Blau sowie einem feinen Spiel an unterschiedlichen Texturen und Nuancen von Grüntönen. Die Heckenstreifen aus Buchsbaum (*Buxus sempervirens*) geben dem Beet auch im Winter eine klare Struktur.

Die Hainbuchenhecke (*Carpinus betulus*) wird an der Westseite des Gartens mit einer zusätzlichen Linie von *Thuja* verdoppelt. Durch einen deutlichen Höhensprung von 50 cm zwischen den zwei Heckenstreifen wird der optische Eindruck der hohen Pflanzung gemindert. Die unterschiedlichen Farben der beiden Sträucher kommen zur Geltung. Funkien (*Hosta*) und Astilben säumen die Hecke an der Südseite des Gartens.

Trichterfarn (*Matteuccia struthiopteris*), Waldmeister (*Galium odoratum*) und einzelne Kugeln aus Buchsbaum (*Buxus sempervirens*) sind die Leitpflanzen im Farngarten. Eine Sammlung von Fächer-Ahorn und verschiedener kleinwüchsiger japanischer Ahorn-Sorten (u. a. *Acer palmatum*, *Acer shirasawanum* 'Aureum') schmückt das Beet vor dem Küchenfenster.

Zum Zeitpunkt der Blüte im späten Frühjahr und zur Laubfärbung im Herbst steht der Blumen-Hartriegel (*Cornus kousa*) neben der Wasserfläche im absoluten Mittelpunkt des Gartens. Die auffallend weißen, blütenblättähnlichen Hochblätter ziehen die Aufmerksamkeit des Betrachters auf das Gehölz und strahlen sogar bis in die Nacht hinein. Im Hintergrund wurde ein Urweltmammut-

(v. li. n. re.:)
Kaukasus-Vergissmeinnicht (*Brunnera macrophylla*)
Schildblatt (*Darmera peltata*) und Frauenmantel (*Alchemilla mollis*)
Trichterfarn (*Matteuccia struthiopteris*)
Fächer-Ahorn (*Acer palmatum*)

baum (*Metasequoia glyptostroboides*) mit auffallender Farbe und Textur der Rinde neben die Wasserfläche gesetzt. Vom ursprünglichen Garten blieb ein alter Apfelbaum bestehen, dessen Krone im Laufe der Zeit vollständig von einer weißblühenden Kletterrose (Rambler) eingenommen wurde.

Detail: Wasserbecken

Das schlichte Becken spannt im Garten einen 15 m langen und 3 m breiten Wasserspiegel auf. Den präzisen Rahmen bilden 30 cm hohe, unbehandelte Stahlträger, die sich in rostrot vom umgebenden Grün der Wiese abheben. Die Wasseroberfläche reicht bis knapp unter die Oberkante des Stahlrahmens. Die exakte Form des Wasserbeckens liegt wie eine Skulptur über den feinen Geländeunterschieden der Wiesenfläche. Im ruhigen Wasser reflektiert sich das einfallende Licht und es spiegeln sich die Laubkronen der Gehölze. Das seichte Gewässer beherbergt Seerosen, in manchen Jahren sogar Koi-Karpfen und dient zeitweilig einem Entenpaar als Badeplatz.

Veränderungen

Trotz einiger kleiner Veränderungen seit seiner Anlage im Jahr 1995 ist der Garten dem ursprünglichen Entwurf von Dieter Kienast entsprechend erhalten geblieben. Die erfolgten Änderungen und Ergänzungen haben sich im Wesentlichen aus dem alltäglichen Erleben des Gartens durch die Bauherrin und deren Familie sowie den Gesundheitszustand von Bäumen in und außerhalb des Grundstücks ergeben.

Bereits in der Planungsphase des Gartens wurde die Gestaltung in einem offenen Dialog zwischen der Bauherrin und dem Landschaftsarchitekten entwickelt. So wurde beispielsweise die ursprünglich vom Planer vorgesehene Magnolie als Blickfang schon während des Entwurfs durch den Blumen-Hartriegel ersetzt. Die immergrünen Buchshecken und -kugeln als Ergänzung der im Winter kahlen Farnbeete und eine Eibenhecke zur Abschirmung des Komposts kamen erst im Laufe der Zeit hinzu.

Im Herbst 2005 wurde die an der Ostseite außerhalb des Gartens verlaufende Robinienallee gefällt. Die dichten Baumkronen der Robinien waren ein

Wasserbecken

wichtiger Bestandteil und Ausgangspunkt des Farngartens. Das Blätterdach rahmte den Garten, spendete Schatten, war grüne Kulisse für den Ausblick in den Farngarten aus dem Wohnraum und unterbrach die Sichtbeziehungen vom und zum Gegenüber. Für die Bewohner ist etwas mehr Licht in den Wohnräumen vor dem Farngarten jedoch sehr willkommen. Der Farngarten soll in seiner Struktur als grünes Bild und Teil der großzügigen Wohnhalle des Hauses unverändert bestehen bleiben. Eine einzelne Robinie, die mit ihrem bizarren Wuchs den Blickpunkt des Eingangsbereichs darstellte, musste leider ebenfalls aufgrund ihres schlechten gesundheitlichen Zustands gefällt werden.

Gartenporträts

In den folgenden Porträts werden die Konzepte für Nutzung, Gestaltung sowie der Auswahl von Materialien und Pflanzen von sechs verschiedenen Gartentypen beschrieben. Sie sollen zeigen, wie auf Voraussetzungen spezifisch reagiert wird.

Gartentyp 1:
Garten zu einem hundertjährigen Stadthaus

Steckbrief

Größe: 500 m²
Baujahr: laufende Umgestaltung
          seit 1999
Lage: Winterthur, Schweiz
Planung: Rotzler, Krebs & Partner
          Landschaftsarchitekten

Anforderung an die Planung

Die Umgestaltung reagiert auf die historische Bausubstanz und erweitert den Wohnraum ins Freie.

Nutzungskonzept

Die gewünschten Nutzungen sind im Garten untergebracht: Bereiche für Ruhe und Erholung, Essen im Freien, Schaugarten zur Straßenseite sowie ein Abstell-

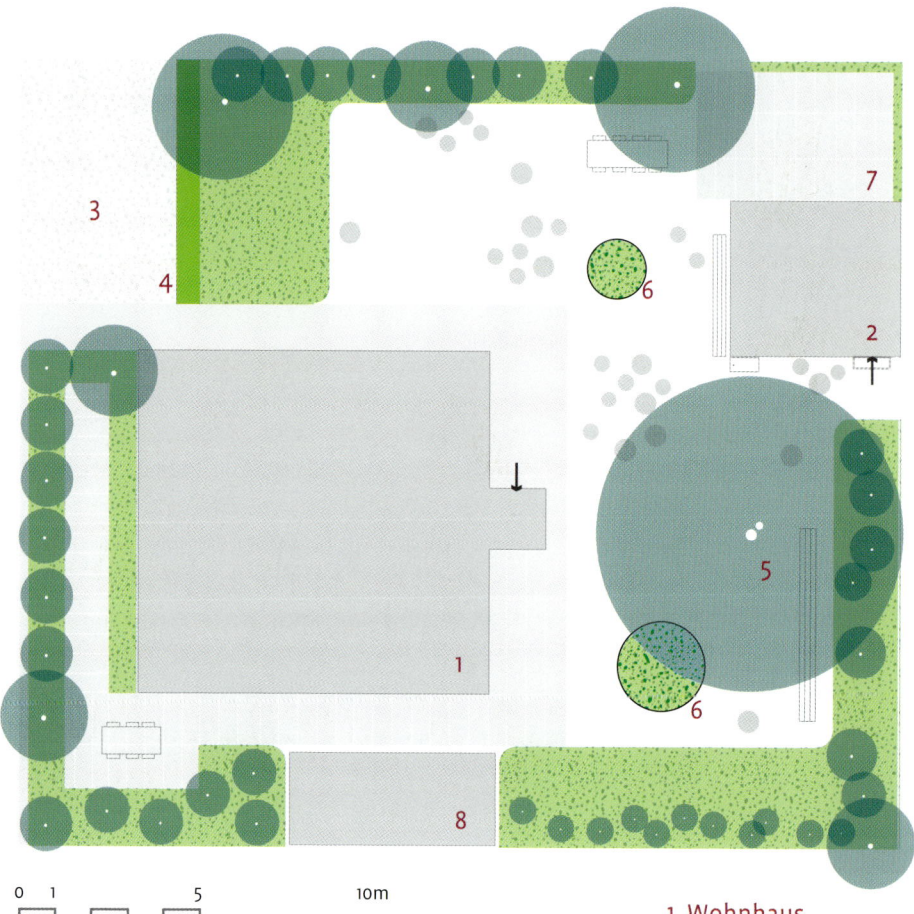

0 1   5   10m

NORD

1 Wohnhaus
2 Waschhäuschen
3 Parkplatz
4 Glyzinienspalier
5 Edelkastanie
6 Stahlschalen
7 Sitzplatz
8 Schuppen

Blick auf den Sitzplatz

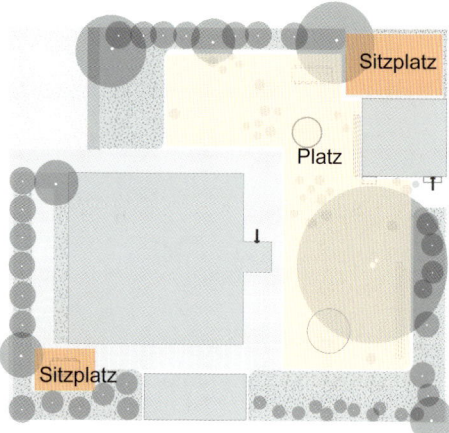

NUTZUNGSKONZEPT
Nutzungsmöglichkeiten

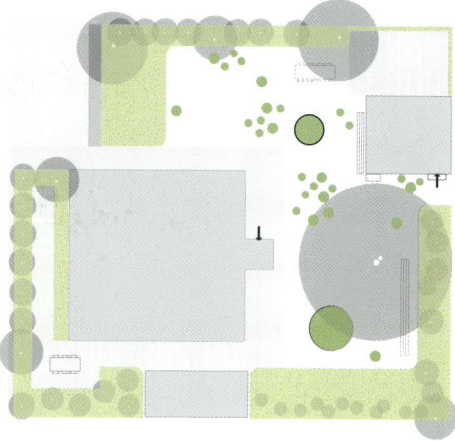

Pflegeansprüche

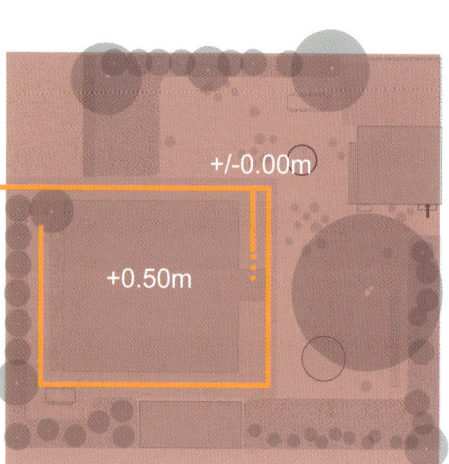

GESTALTUNGSKONZEPT
Topografie und Wege

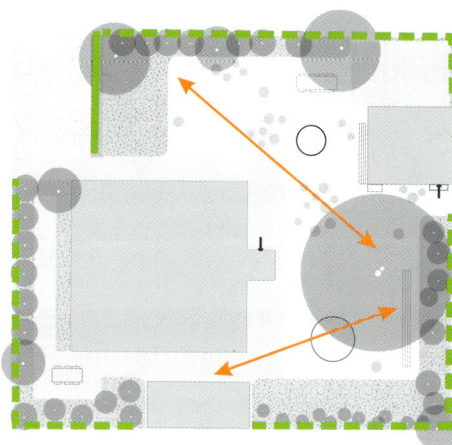

Grenzen und Sichtbezüge

Die Beschreibung der einzelnen Symbole und
Farben finden Sie auf Seite 99

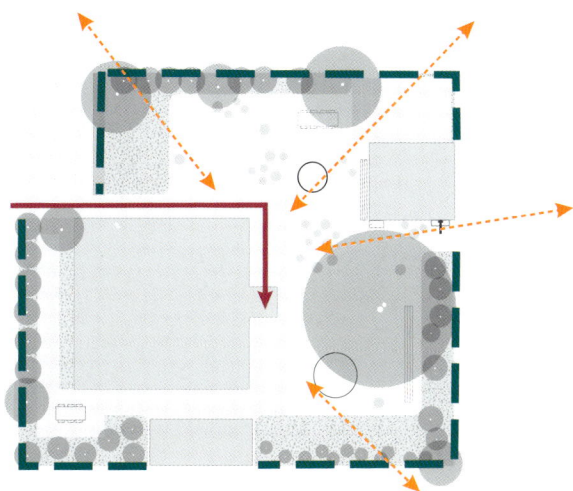

Beziehung mit der Umgebung

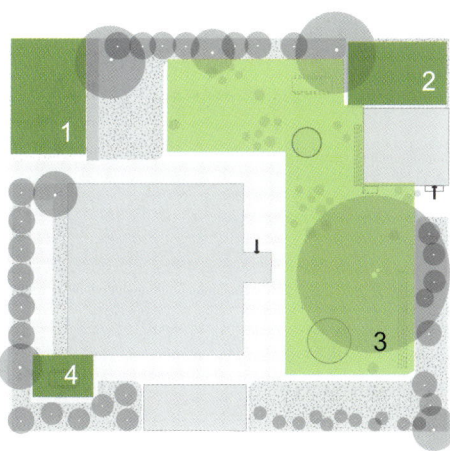

Teilräume

platz für Autos. Üppiger Pflanzenwuchs schafft ein Gefühl der Geborgenheit und bietet interessante Blickfänge durch das Gartenjahr.

Pflege

Die Gartenpflege ist gleichzeitig die laufende Umgestaltung: Versuch, Ergänzung, Ersatz, Pflege und Rückschnitt der Pflanzen. Die Grundfläche ist befestigt, Rasenmähen entfällt.

Beziehung zur Umgebung

Ausbildung der Grenzen
Der Garten befindet sich in einem städtischen Siedlungsgebiet. Eine untergeordnete Erschließungsstraße begrenzt das Grundstück an einer Seite. An den drei anderen Seiten schließen die Nachbargrundstücke an. Die vier Grenzen sind unterschiedlich ausgebildet. Großblättrige Stauden vor einem Spalier mit Blauregen (Glyzinien) schließen den Eingangsbereich. Kleinblättrige Gehölze vor einer Efeuwand schotten zum hinteren Nachbarn ab, Bambus bildet eine fexible Grenze zur Seite und entlang der Straße werden Feigen und Kiwispaliere zur Schau gestellt.

Einsehbarkeit, Blickbeziehungen
Der Garten lässt sich in dieser Lage nicht hermetisch abschließen – das ist aber auch nicht angestrebt. Mitten im Stadt-

teil gelegen, sind von höheren Geschosswohnungen Einblicke möglich, die Nachbargebäude sind zu sehen. Allerdings
bilden die Pflanzen und der eigenständige Charakter des Gartens einen starken
Vordergrund, so dass die Bebauung kaum
in Erscheinung tritt.

Anbindung und Erschließung

Es gibt zur Straße hin einen definierten
Eingang in den Garten. Der Parkplatz ist
mit einem Glyzinienspalier abgeschlossen. Zwischen diesem und dem mit
wildem Wein überwachsenen Wohnhaus
betritt man den Garten auf einer Pfla-
sterfläche, die an zwei Seiten um das
Gebäude führt. Die beiden anderen
Seiten sind mit großen Betonplatten
belegt, die Fläche und Weg zugleich sind.
Im Garten selbst ist keine definierte
Erschließung erforderlich. Der Hausein-
gang befindet sich an der von der Straße
abgewandten Seite.

Gestaltungskonzept

Der Garten ist entsprechend der Lage in
der Stadt als befestigte Fläche ähnlich
einem Hof ausgeführt, die von Pflanzflächen begrenzt wird. Die Gestaltung wird
vom Gegensatz der städtischen Situation
zur üppigen, wohlüberlegten Bepflanzung geprägt. Die raumfassende Rah-
menpflanzung ist an jeder Seite anders
und erzeugt eigenständige Teilräume.

Ausblick auf das ehemalige Waschhäuschen.

Organisation und Definition von Räumen

Topografie, Sichtbezüge: Es handelt sich um einen ebenen Garten. Die fast quadratische Grundform ist nach außen geschlossen und nach innen offen.

Beziehung zur Architektur: Dem einfachen Grundriss des Grundstücks wie auch des Gebäudes wird mit einem fließenden Raum begegnet, der das Wohnhaus und das Waschhäuschen mit ihren klassischen Fassaden zur Geltung bringt.

Wege: Ein Wechsel des Belages deutet eine Funktionsgliederung an, die allerdings in erster Linie räumliche Qualitäten unterstützt.

Grenzen: Der Garten kommt im Inneren ohne Grenzen aus, die erwähnten Raumdefinitionen reichen aus, um ihn zu gliedern.

Beziehung und innere Organisation von Räumen

Raumgliederung, Raumbezüge: Die Definition der Teilräume erfolgt durch die „Hauptakteure". Den Bereich direkt vor dem Wohnhaus dominiert eine mehrstämmige Esskastanie (*Castanea sativa*) mit einer sehr einprägsamen Wuchsform. Das historische Waschhaus, das für diese Siedlungsstruktur aus jeweils spiegelgleichen Wohnhäusern typisch war, ist Blickfang und Raumgliederung zugleich. Ölweide und Rose, ein Bambushain und die beiden Stahlschalen bestimmen die Gartenräume.

Materialkonzept

Die Grundfläche des Gartens ist von Kies und Kleinsteinpflaster bedeckt, zwei typisch städtischen Materialien. An zwei Schmalseiten rund um das Wohnhaus sind Betonplatten verlegt, die großzügig wirken und eine Erneuerung der Substanz andeuten. Einfache Grundformen sind auch im Holz der Möbel und einer langen Bank oder Stellfläche zu finden. Die beiden Stahlschalen akzentuieren zwei Teilbereiche. Die Materialienvielfalt beschränkt sich also auf Holz, Stahl und Stein.

Pflanzkonzept

Neben den raumbildenden Staudenbeeten, den raumprägenden Gehölzen und den abgrenzenden höheren Randpflanzungen sind im Garten Kübelpflanzen angeordnet, die einerseits Pflanzversuche enthalten, andererseits dem Hof im Sommer eine mediterrane Atmosphäre verleihen.

Detail

Zwei große, flache Stahlschalen sind auffallende Elemente im Hof. Eine enthält einen Teich, die andere wird als „Salatschüssel" bezeichnet, da in ihr frisches Gemüse angepflanzt wird.

Veränderungen

Der Garten verändert sich entsprechend der Reiselust, der Pflanzenliebhaberei und der Sammelleidenschaft laufend. Sowohl botanische als auch gestalterische Versuchsanordnungen sind zu finden. „Eidechsenwurz, Ölweide, Bitterorange, Schmucklilien, Wollmispel und Feigen ... jede Pflanze hat ihre eigene „Biografie", welche Bewohner und Pflanze anekdotisch verbindet" schreiben die Landschaftsarchitekten.

Stahlschale

Gartentyp 2: Vom Fuhrwerkshof zum Wohngarten

Steckbrief

Größe: 245 m²
Planung: 1999
Baujahr: 2000
Lage: Wien, Österreich
Planung: Anna Detzlhofer, Land-
            schaftsarchitektur,
            Wien (Mitarbeit:
            Heidlinde Holzinger)

Anforderungen an die Planung

Durch die bauliche Umorientierung des Wohngebäudes von der Straßenseite zum Hof erhielt der Garten eine gänzlich neue Bedeutung als Aufenthaltsraum und Blickpunkt. Die Hinterseite wurde zur Vorderseite.

Trotz der kleinen Grundfläche sollten verschiedene Raumerlebnisse möglich sein, die den Raum aber nicht beengen.

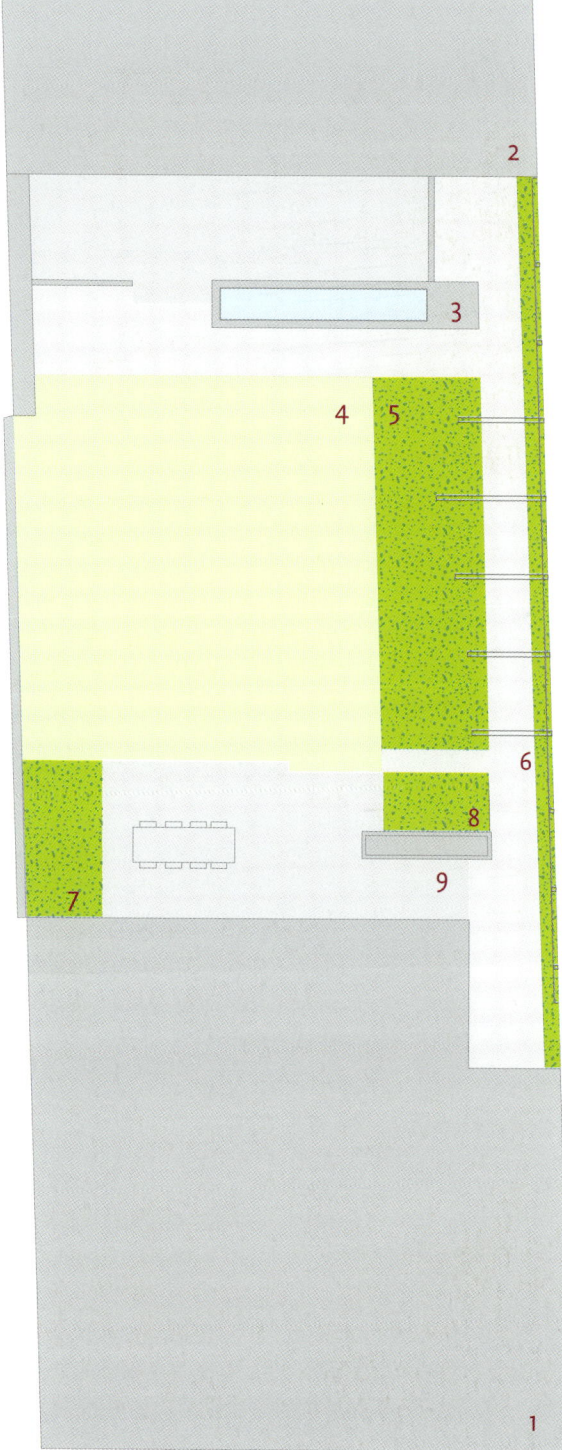

1 Wohnhaus
2 Gartenhaus
3 Wasserbecken
4 Wiesenfläche
5 Staudenquartier
6 Laubengang
7 Bambus
8 Kräuterbeet
9 Sitzbank

0 1   5   10m

Blick von der Terrasse auf das Gartenhaus

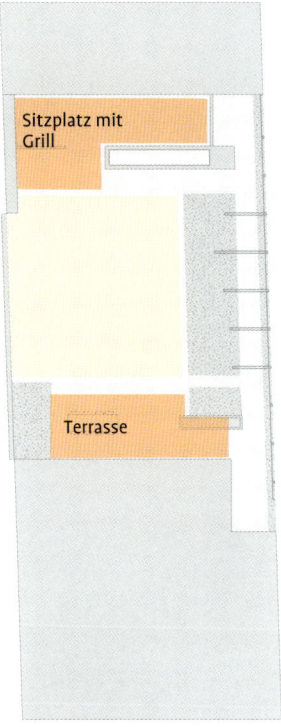

Sitzplatz mit Grill

Terrasse

NUTZUNGSKONZEPT
Nutzungsmöglichkeiten

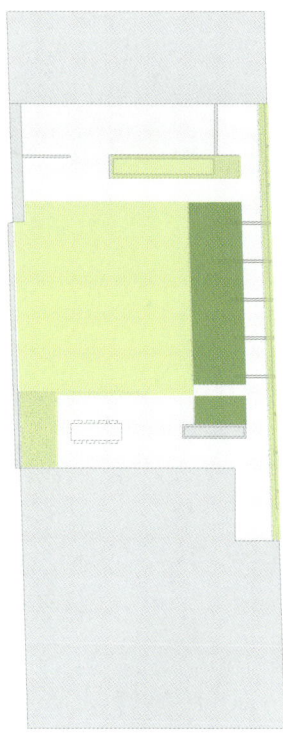

Pflegeansprüche

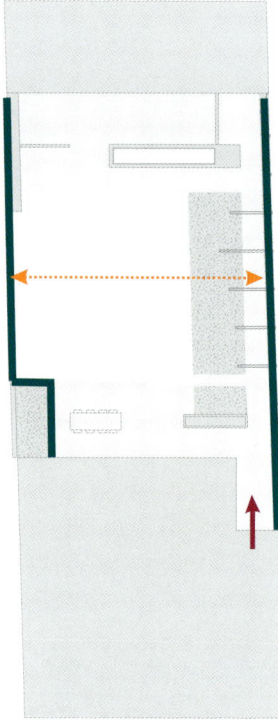

Beziehung mit der Umgebung

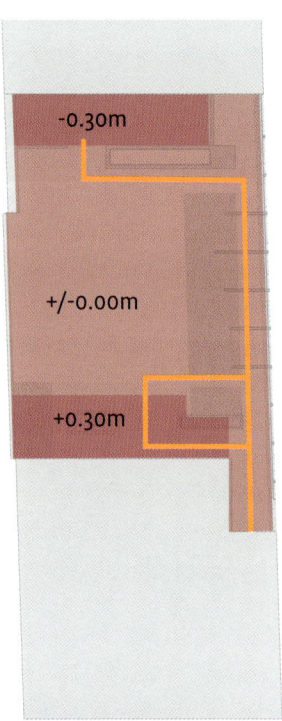

-0.30m

+/-0.00m

+0.30m

GESTALTUNGSKONZEPT
Topografie und Wege

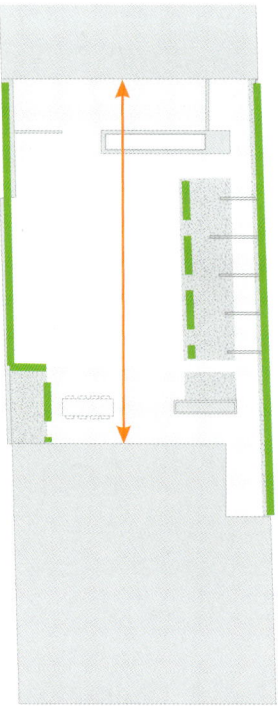

Grenzen und Sichtbezüge

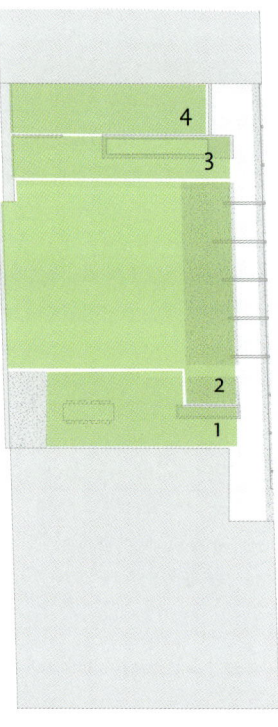

4

3

2

1

Teilräume

Ansicht der Terrasse

Durch die Lage in der geschlossenen Bebauung, das abschließende Gartengebäude und die seitlichen Grenzmauern war eine Mischung aus Hof und Garten gegeben. Die Verbindung von Straßentrakt und Hofgebäude zu einem Gesamtgefüge war durch den Garten herzustellen.

Nutzungskonzept

Da der neue Wohnraum über die Fenstertüren direkt in die Terrasse übergeht, wird der Garten sowohl von Innen als auch von der Terrasse selbst erlebt. Er sollte Ruheort sein, einen kleinen Gartentisch enthalten und eine Bewegungsfläche für Mensch und Hund bieten.

Pflege

Der Garten wird von den Eigentümern betreut. Saisonale Pflegeschritte werden zweimal im Jahr von einem Gärtner durchgeführt.

Beziehung zur Umgebung

Ausbildung der Grenzen

Es handelt sich hier um einen gefassten Raum: die beiden Gebäude sind Anfang und Endpunkt des Gartens. Die Ostseite wird von einer mit Efeu bewachsenen Mauer geschlossen, im Westen wurde eine Bretterwand errichtet, die den Nachbargarten mit seinem schönen alten Nussbaum abschließt.

Die Beschreibung der einzelnen Symbole und Farben finden Sie auf Seite 99

Einsehbarkeit, Blickbeziehungen

Der Anbau erhielt im ersten Stock eine Terrasse mit einem leichten Geländer zum Garten. Über die seitlichen Grenzen hinweg sind Nachbargebäude zu sehen. In der zweiten Kulissenebene im Westen ist der gegenüberliegende Hang zu sehen.

Anbindung und Erschließung

Der Garten schließt an den offenen Innenraum an. An die Gartentüre der Küche schließt ein Weg an, wodurch man das Gartenhaus auch bei schlechtem Wetter erreichen kann.

Gestaltungskonzept

Dem Entwurf liegt ein räumliches Konzept zugrunde, das auf die Proportionen der Parzelle und der Gebäude abgestimmt ist. Dem offenen Wohnraum ist die Terrasse vorgelagert, vor ihr befindet sich eine fast quadratische Wiese. Neben der Terrasse bietet ein mächtiger Bambus Sichtschutz vor dem Schlafzimmer und einen bewegten räumlichen Abschluss. Vor dem Bretterzaun liegt eine Staudenrabatte, entlang welcher der Weg von der Küche zum Gartenhaus führt. Ein Laubengang aus Holz überspannt den Weg und geht mit der Trompetenwinde in die dritte Dimension über. Den Abschluss der Wiesenfläche bildet ein Wasserbecken, das in die Geländestufe zum Gartenhaus eingearbeitet ist.

Organisation und Definition von Räumen

Topografie: Der Garten liegt am Hang und hat ein leichtes Gefälle vom Wohnhaus ausgehend. Die Neigung wird durch die Terrassenstufe, die leicht abfallende Wiese und die Stufe zum „Vorplatz" des Gartenhauses aufgefangen. Das Gefälle bewirkt eine optische Verkürzung des Gartens.

Sichtbezüge: Bis auf den versteckten Weg, der mit dem Laubengang einen eigenen, „wilderen" Raum bildet, sind die Teilräume nur durch Oberflächen differenziert. Daher kann der Blick ungehindert schweifen.

Beziehung zur Architektur: Der schlichte, moderne Zubau fügt sich selbstverständlich in die historische Substanz ein. Die Proportionen des Gartens entsprechen ebenfalls dem Ensemble.

Wege: Die Wegeflächen sind mit einer wassergebundenen Decke versehen. Sie werden durch ein verzinktes Stahlband eingefasst.

Grenzen: Innerhalb des Gartens entstehen Grenzen durch aneinanderstoßende Oberflächen. Seitlich der Terrasse bildet ein Betonsockel einen Abschluss zwischen Kräuterbeet und Wohnvorfeld. Der Höhensprung sowie der Belagswechsel führen eine Grenze zwischen Wiese und Vorplatz ein.

Blick vom Wasserbecken zum Wohnhaus

Laubengang in
Blüte

fulgida 'Goldsturm') und Reitgras (Cala-magrostis × acutiflora 'Karl Foerster') erzeugen ein blühendes Pflanzenvolumen, das als „Wildwiesenzitat" konzipiert ist.

Detail

Die Metalleinfassung macht das Wasserbecken zu einem edlen Element. Die Konstruktion ist bestechend einfach: Ein Betonrahmen fasst eine Grube. Der breite Metallrahmen ist auf diesen aufgesteckt. Die Verbindung der Laubenbögen mit dem Bretterzaun ist leicht gehalten. Es entsteht ein angenehmer Laubengang.

Veränderungen

Die Gartenbesitzerin ist mit dem Garten und dessen Funktionalität ausgesprochen zufrieden, weshalb kaum Veränderungen notwendig waren. Das Raumkonzept ist stimmig und praktisch.

Beziehung und innere Organisation von Räumen
Raumgliederung: Durch die geringe Gartengöße beschränkt sich die Gliederung auf die unterschiedliche Ausprägung der Räume.
Raumbezüge: Wiese und Blütenbereich unterstützen die jeweilige räumliche Wirkung, da sie einander begrenzen.

Materialkonzept

Das Materialkonzept nimmt einerseits auf den historischen Bestand Bezug, greift andererseits den modernen Umbau auf. Der auf den Schiefer des Innenraums abgestimmte Naturstein der Terrasse führt ein nobles Grau in den Garten ein. Vor dem alten Wirtschaftsgebäude, dem heutigen Gartenhaus, blieb der Klinkerbelag erhalten. Das Wasserbecken ist mit einem Edelstahlrahmen eingefasst, der mit der Eleganz der Terrasse korrespondiert.

Pflanzkonzept

Die Bepflanzung ist auf den Kontrast von Dichte und Offenheit ausgerichtet und hält sich an warme Farbschattierungen. Die orange blühende Trompetenwinde (Campsis radicans), Sonnenhut (Rudbeckia

Wasserbecken

Gartentyp 3: Schmaler Streifengarten vor historischer Stadtvilla

Steckbrief

Größe: etwa 105 m²
Baujahr: 2002
Lage: Salzburg, Österreich
Planung: KoseLička, Landschaftsarchitektur, Wien

NORD

0   1   5   10m

1 Schattenplatz mit Sommer-Topfgarten
2 lange Bank
3 Gemüsegarten
4 Kräutergarten
5 Schöpfbrunnen
6 Betonmauer
7 Wasserbecken
8 Spalier
9 erhöhte Sonnenterrasse
10 Truhenbank

Anforderungen an die Planung

Der zur Verfügung stehende Raum für den Garten ist einerseits sehr klein, andererseits sehr ungünstig proportioniert, da es sich um einen schmalen Streifen auf zwei Seiten des Gebäudes handelt. Die historische Stadtvilla, der dieser Garten-streifen vorgelagert ist, ist dominant und behäbig. Aufgabenstellung war, einen gut nutzbaren Raum aus diesem Streifen in genauem Zusammenspiel mit dem Innenraum zu machen. Die Grenze zum Nachbargrundstück war die zweite große Herausforderung, da sie Schutz und Ausblick zugleich bieten sollte.

Nutzungskonzept

Die Bewohner des Erdgeschosses, ein kinderloses Paar, wollten einen ansprechenden Ausblick vom Innenraum auf den Garten genießen. Er sollte ein Schmuckstück über das Jahr hindurch sein, das jedoch auch in der wärmeren Jahreszeit den Aufenthalt im Freien ermöglicht. Das Bild, das sich vom Innenraum aus bietet, sollte einer bewussten Komposition folgen. Nutzpflanzen und Gemüse sollten in Küchennähe platziert werden.

Pflege

Der Aufwand für die Pflege sollte sich in Grenzen halten, die Eigentümer genießen jedoch auch die Arbeit im Garten. Da es sich ohnehin um eine kleine Fläche handelt, war der Aufwand überschaubar, den der Garten verursachen würde.

Beziehung zur Umgebung

Aufgrund der Stadtlage nahe des Bahndammes sind Fernblicke aus dem Garten nicht möglich. Die unmittelbare Beziehung zum direkten Nachbargrundstück ist daher das Hauptthema.

Zu Beginn befand sich im Anschluss an den Garten eine Wildnis mit alten Bäumen. Da es sich jedoch um ein Baugrundstück in Salzburgs zentraler Lage handelte, war eine Bebauung abzusehen.

Nutzgarten mit Sitzplatz

Die Grenze musste also konzipiert werden, damit später ein Abschotten möglich wäre. Die Eigentümer wollten damit noch abwarten, bis feststünde, welche Nutzung direkt an ihren Garten angrenzen würde. Eine Schmalseite des Gartens stößt an die Straße beziehungsweise den Gehsteig an. Hier war von vornherein ein dichter Sichtschutz vorzusehen.

Ausbildung der Grenzen

Der Garten wird entsprechend der Abschnitte unterschiedlich nach außen abgeschlossen. Eine hermetische Abgrenzung ist nicht gewünscht, um weiterhin

von dem Baumbestand profitieren zu können. Nur die Straßenseite wird von einem hohen, geschnittenen Eibenblock abgeriegelt, in den eine Truhenbank eingearbeitet wurde. Die Grenzausbildung reagiert auf die Teilabschnitte des Gartens. Der Wohnbereich ist mit einem leichten Spalier abgeschlossen, das Durchblicke offenhält. Auf der Küchengartenseite schließt eine dichte Hecke aus Rot-Buche den Sitzplatz und die

Truhenbank vor einer Eibenhecke

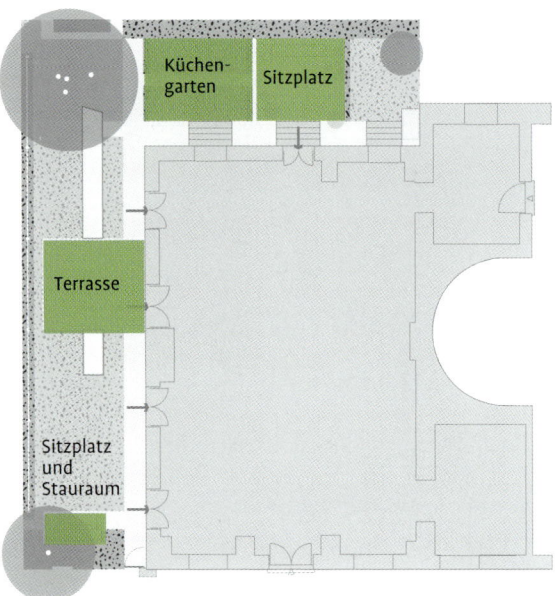

NUTZUNGSKONZEPT
Nutzungsmöglichkeiten

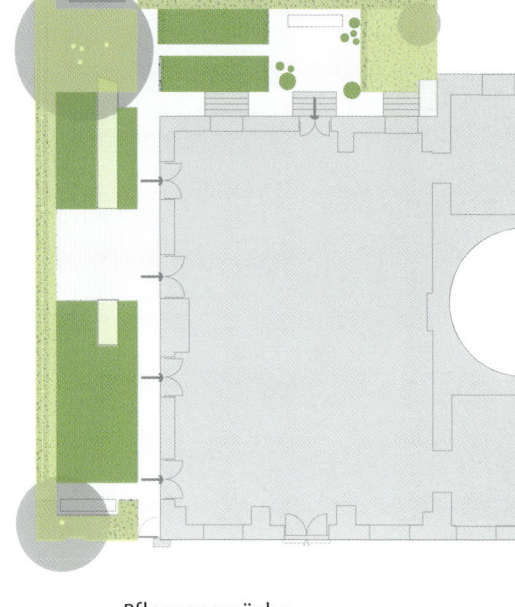

Pflegeansprüche

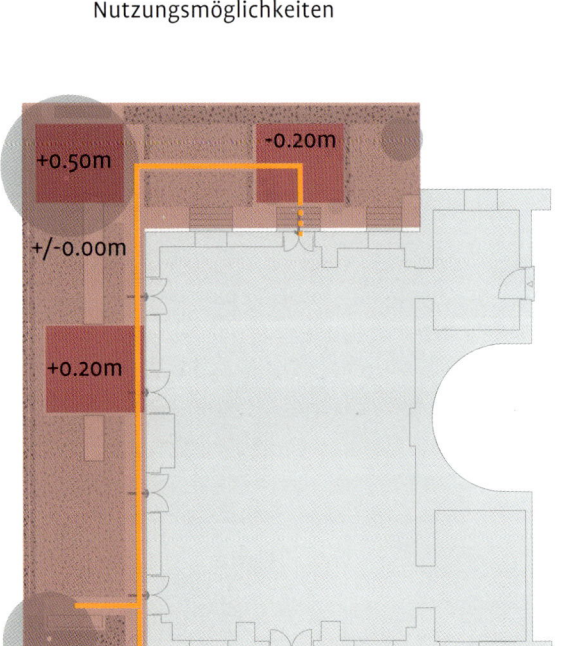

GESTALTUNGSKONZEPT
Topografie und Wege

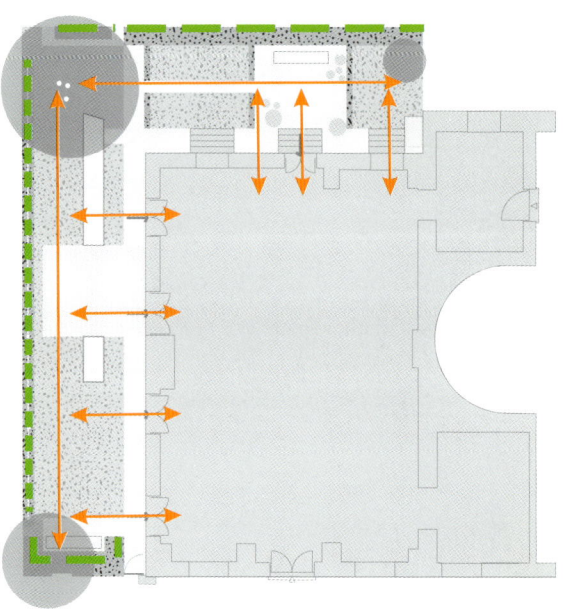

Grenzen und Sichtbezüge

Die Beschreibung der einzelnen Symbole und
Farben finden Sie auf Seite 99

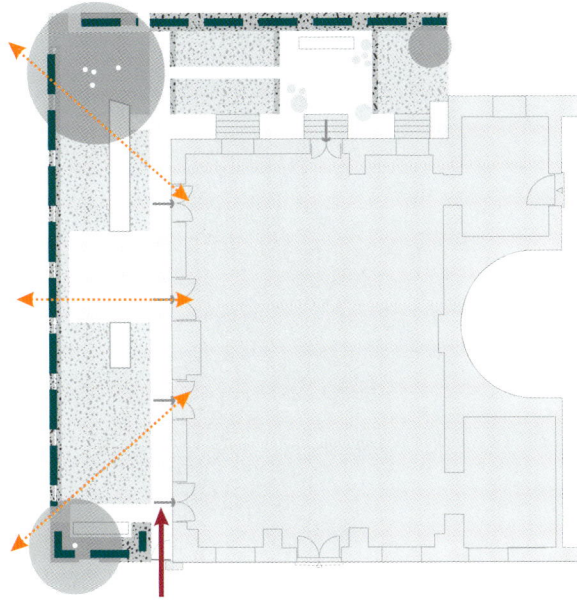

Beziehung mit der Umgebung

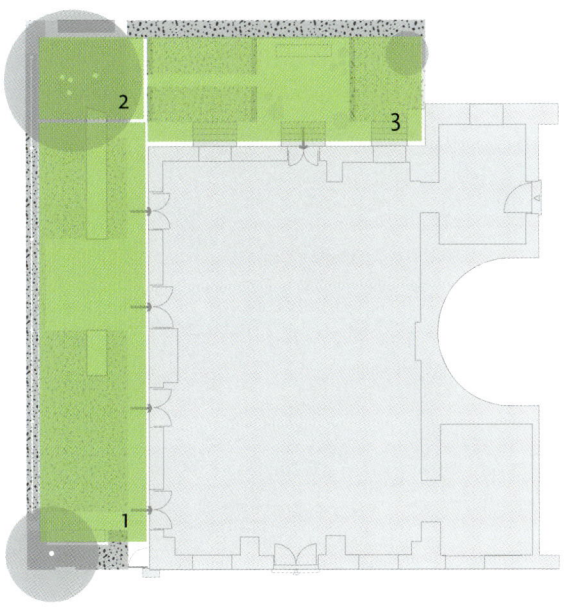

Teilräume

Beete ab. Vor der abschließenden Mauer auf der Schmalseite wurde ein Holunderstrauch belassen.

Einsehbarkeit und Blickbeziehungen

Von außen ist der Garten kaum sichtbar. Die zukünftigen Nachbarn werden den Garten von oben einsehen können. Das ebene Grundstück wird von der Villa, dem zukünftigen Wohnhaus und einem Bahndamm räumlich eingefasst. Diese städtische Situation wird akzeptiert, nur zum öffentlichen Raum der Straße wird ein effektiver Sichtschutz gepflanzt.

Anbindung und Erschließung

Der Garten kann von der Wohnung aus durch Flügeltüren betreten werden, auch von der Straßenseite ist der Zutritt durch ein schmales Gartentor möglich.

Gestaltungskonzept

Der Gartenstreifen wurde im geometrischen Grundkonzept thematisiert: Eine Auflösung von Beeten und Wegen erfolgt in Streifenform. Die Linearität wird an einigen Stellen durch Flächen gebrochen. Ein Flügel ist als Küchengarten mit Schattensitzplatz, der andere als Wohngarten konzipiert. Vor dem Wohnbereich liegt ein Teppich aus länglichen Beeten, in denen sich Stauden in der Blüte abwechseln. Ein Holzplateau vor dem Ausgang in den Garten bildet den Sitzplatz. Zum nunmehr mit Geschosswohnungen zu bebauenden Nachbargrundstück bildet eine Hecke an der Küchenseite und ein Spalier an der Wohnseite eine schützende Grenze.

Blick auf die Sonnenterrasse und die Staudenstreifen.

Organisation und Definition von Räumen

Topografie: Die Topografie spielt bei der Gestaltung dieses Gartens gerade wegen der ebenen Fläche eine wichtige Rolle. Das „Gelenk" zwischen den beiden Schenkelflächen des L-förmigen Gartens hat eine quadratische Grundfläche. Hier ist ein kleiner Hügel mit einem malerischen Hain von Hahnendorn (*Crataegus crus-galli*) vorgesehen. Diese kleine Erhebung schließt die Teilräume von beiden Seiten her ab.

Sichtbezüge: Der Garten ist zwar klein, befindet sich aber in einer Ecklage und ist daher von keiner Stelle aus als Gesamtheit zu erfassen. Die Sichtverbindungen ergänzen sich stückweise.

Beziehung zur Architektur: Formal ist die Beziehung durch die Einhaltung eines eigenständigen Ordnungsprinzips der Streifen hergestellt. Die Teilabschnitte sind so angeordnet, dass die Ausblicke aus den Fenstern jeweils eigenständige Bilder ergeben. Die Fenstertüren sind die direkte Verbindung zwischen Innen und Außen.

Wege: Wege sind ebenfalls in das Streifenkonzept eingearbeitet. Manche Streifen sind als Kiesflächen ausgebildet, werden dadurch Teil der Komposition und funktionieren als Weg. Das Traufpflaster mit dem Rundschotter ist in einem durchgängigen Streifen begehbar.

Grenzen: Innerhalb des Gartens selbst sind keine dreidimensionalen Untertei-

lungen vorgesehen, um die kleine Fläche nicht zusätzlich zu zergliedern.

Beziehung und innere Organisation von Räumen

Raumgliederung: Die Gliederung erfolgt über die Bepflanzung und die Oberflächen: Stauden, Wiese, Kies und Holzrost. Kleinere und größere Raumteiler sind Buchshecken, die die Stahleinfassungen der Beete unterstützen, und die den Garten nach außen abschließende Hecke aus Rot-Buchen.

Raumbezüge: Die Räume sind zwar unterschiedlich, gehen jedoch ineinander über. Der Hain an der Ecke gehört zu beiden Teilräumen dazu, so ist der Endpunkt von beiden Seiten derselbe Blickfang.

Materialkonzept

Die Materialien sind aufeinander abgestimmt, sie sollten eigenständig sein und nicht die Fassade kopieren. Es wurden nur wenige verschiedene Materialien verwendet. Durch seine Helligkeit fällt der Rundkies auf, er ist auch Teil des streifenförmigen Bildes. Stahleinfassungen sind für die Gemüsebeete eingesetzt worden, verzinktes Stahl für die Spaliere. Die Truhenbank aus Beton erhält eine Ergänzung am anderen Ende dieses Streifens: Hier wird eine Betonwand errichtet, die den Hintergrund für den bizarr wachsenden Hahnendorn

![Ansicht: Sonnenterrasse und Spalier]

Ansicht: Sonnenterrasse und Spalier

bildet und ihn so zu einem Bild werden lässt, das von der Truhenbank aus betrachtet werden kann. Die Holzauflage entspricht der Holzterrasse.

Pflanzkonzept

Der Küchengarten ist traditionell bestückt, die Beete mit niedrig wachsenden Buchshecken eingefasst. Die Streifen sind mit Stauden bepflanzt, die über das Jahr hindurch unterschiedliche Aspekte hervorbringen und sich mit der Kletter-rose, dem Blauregen (*Wisteria sinensis*) und dem Hahnendorn (*Crataegus crusgalli*) abwechseln. Die Struktur des Blattwerks wurde bei der Komposition besonders beachtet.

Detail

Die Streifenbeete werden von dem Holzrost gebrochen. Er fügt einen Ruhepol in den Garten ein, indem die Bewegung, die die Streifen erzeugen, angehalten wird. Er ist außerdem auf der Höhe der Ausgangsstufe angebracht, so dass er leicht über den anderen Flächen schwebt.

Veränderungen

Es wurde ein Garten entworfen und gebaut, der sich über die Zeit hinweg nach außen hin immer mehr abschotten kann, ohne an innerer Qualität zu verlieren.

Staudenpflanzung vor Spalier

Gartentyp 4:
Garten zu einem
historischen Palais mit
altem Baumbestand

Steckbrief

Größe:	2500 m²
Baujahr:	2002
Planung:	2001
Lage:	Wien, Österreich
Planung:	Auböck und Kárász, Wien

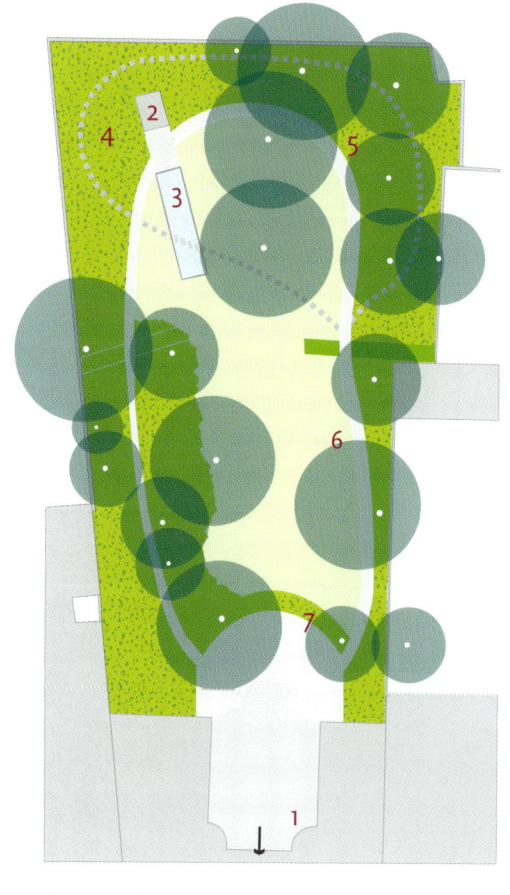

1 Hof
2 Pavillon
3 Wasserbecken
4 mediterraner Garten
5 asiatischer Garten
6 Wiese
7 Rhododendrenwalze

0   5   10m

Herausforderung an die Planung

Der Garten hatte durch Kriegsgeschehen und andere Einschnitte viele Veränderungen durchlaufen. Die Neugestaltung sucht einen Weg zwischen dem historischen Bestand und der neuen Situation.

Nutzungskonzept

Da sich im Palais eine Botschaft sowie einige Wohnungen befinden, dient der Garten nicht nur Kontemplation und Rückzug, sondern auch verschiedenen offiziellen Anlässen. Diesen Ansprüchen wird durch die Gliederung Rechnung getragen.

Pflege

Die Pflege des Gartens liegt in professioneller Hand. Sie wurde einem Garten- und Landschaftsbaubetrieb übergeben, der den Garten laufend betreut und die saisonalen Arbeiten durchführt.

Blick in den Garten

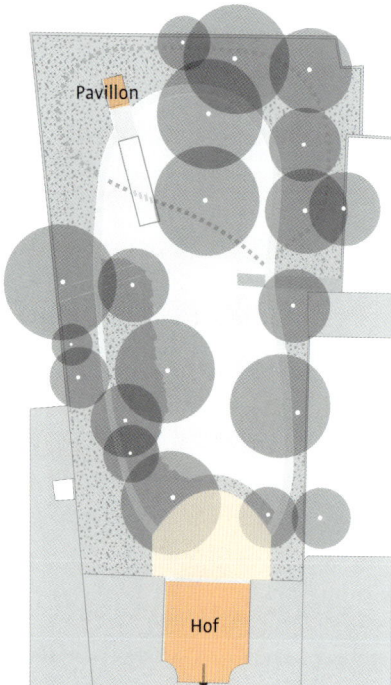

NUTZUNGSKONZEPT
Nutzungsmöglichkeiten

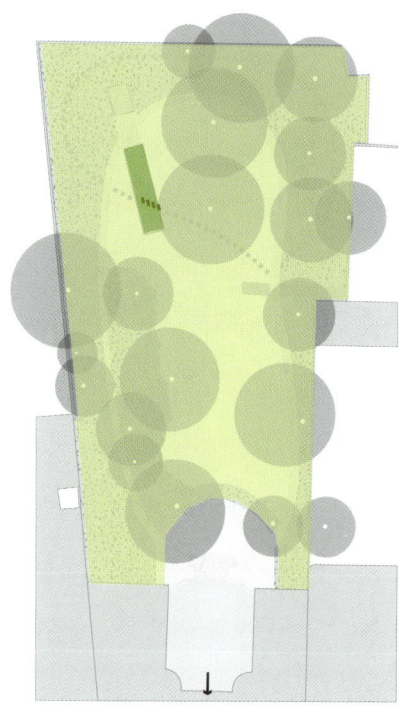

Pflegeansprüche

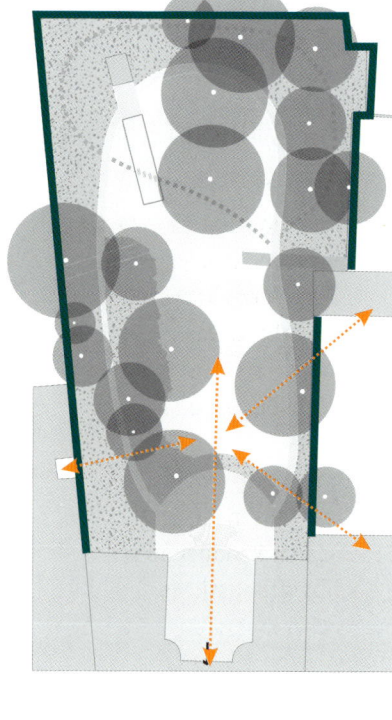

Beziehung mit der Umgebung

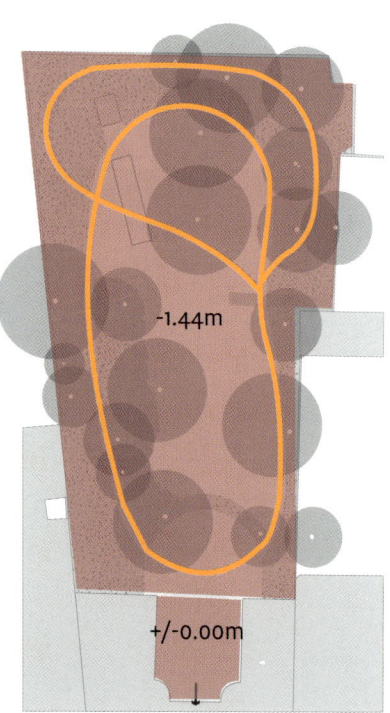

GESTALTUNGSKONZEPT
Topografie und Wege

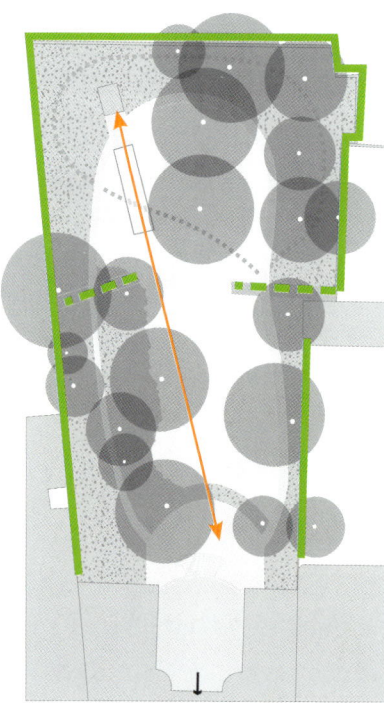

Grenzen und Sichtbezüge

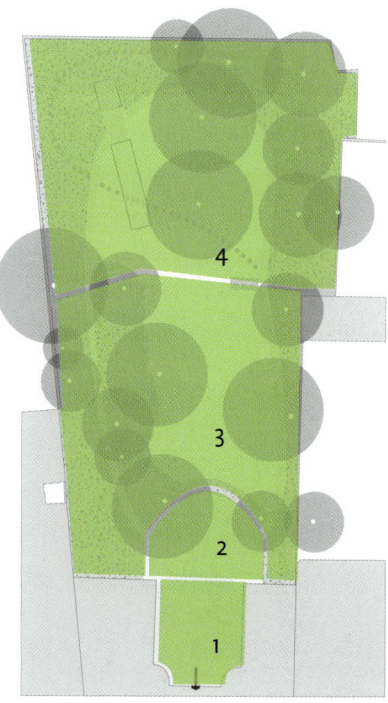

Teilräume

Beziehung zur Umgebung

Der Garten liegt im mittlerweile sehr dicht bebauten Gebiet in Wieden, dem 4. Wiener Gemeindebezirk. Er lag ursprünglich zwischen dem Rothschildpalais und dem Palais Erhart. Das Rothschildpalais wurde im Zweiten Weltkrieg zerstört, das Grundstück verkleinert und abgegrenzt.

Ausbildung der Grenzen
Das Palais steht in einem Baublock mit geschlossener Randbebauung, die Gärten der Nachbargrundstücke sind durch Klinkersichtmauern abgegrenzt.

Einsehbarkeit, Blickbeziehungen
Auf den Nachbargrundstücken wurden Wohnbauten errichtet, die vereinzelt Einblick in den Garten haben. Durch die Höhenstufe zwischen Hof und Garten ist der Gesamtraum überblickbar. Die Teilräume erschließen sich erst bei Begehung der geschwungenen Wege im Detail.

Anbindung und Erschließung
Bei dieser Gartenanlage handelt es sich um einen geschlossenen Raum, der durch die Einfahrt des Gebäudes zugänglich ist. Aufgrund der Gärten und des Baumbestandes der Nachbargrundstücke ist jedoch eine Situation mit großzügiger Wirkung erhalten geblieben.

Gestaltungskonzept

Organisation und Definition von Räumen
Die drei Räume der Gartenanlage stellen einen Verlauf vom geometrischen Hof des Gebäudes über die große, ruhige, durch Pflanzzonen gefasste Wiese zur „geordneten Wildnis" dar. Der gepflasterte Hof zwischen den Seitenflügeln des Gebäudes geht über eine Treppenanlage in den tiefer liegenden Platz über. Hier bildet eine Rhododendronpflanzung die Grenze zwischen befestigter Fläche und grünem Bereich. Der klaren Raumgliederung steht ein Wegekonzept gegenüber, das durch sehr unterschiedliche Bereiche führt. Die alten Bäume mit zum Teil bizarrem Wuchs prägen den Garten und verleihen ihm Ruhe. Neben der Bepflanzung, die die Teilbereiche definiert und differenziert, wurde ein modernes Element, der Pavillon mit Wasserbecken, eingeführt.

Topografie: Außer der baulichen Höhenstufe ist der Garten annähernd eben. Eine leichte Böschung wurde im „wilderen"

Teil eingeführt. Hier verschwindet der Weg zwischen Bambus und hell blühenden Strauch-Pfingstrosen unter Bäumen.

Sichtbezüge: Weder die Gesamtanlage noch die Teilräume sind blickdicht abgeschlossen. Die Blicklenkung erfolgt entlang des Weges durch die Gehrichtung, pflanzliche Dichte und Effektpunkte des Gartens.

Beziehung zur Architektur: Im Hofbereich wird der Raum durch die Gebäudeteile gebildet. Die Gestaltung des Gartens in Anlehnung an den Englischen Landschaftsgarten nimmt auf die Architektur Bezug. Es entsteht ein harmonisches Ensemble ähnlich einem Stadtvillengarten. Die romantische Grundstimmung der pflanzlichen Fülle wird durch ein modernes Architekturelement kontrastiert. Der kleine, wohlproportionierte Pavillon stellt mit Platz und Teich eine moderne Intervention im Garten dar.

Wege: An den Platz schließt ein Rundweg an, der am Rand der zentralen, großen Wiesenfläche entlang geführt wird. Zwei daran anknüpfende Schleifen führen

◀ Die Beschreibung der einzelnen Symbole und Farben finden Sie auf Seite 99

Aussicht vom Pavillon in den Garten

Trittsteine durch das Wasserbecken

die nach Quartier sortiert sind. Beim innerhalb des Gartens gelegenen Eiscafé dominieren mediterrane Aspekte, die Maulbeere wurde um Sonnenhut (*Rudbeckia*) und Rosen ergänzt. Der asiatische Bereich enthält verschiedenblättrige Bambusarten, die großen Solitärbäume sind mit Kleinem Immergün (*Vinca minor*) flächig unterpflanzt.

Detail

Die Wegehierarchie ist durch eine Oberflächendifferenzierung umgesetzt worden. Der breite, mit Stahlkanten gefasste Rundweg erhielt eine wassergebundene Decke. Die zwei den Rasen und die Spezialquartiere durchquerenden Wegeschleifen sind als Balkenwege ausgeführt, sei es in der Wiese, über das Wasserbecken oder im Waldboden.

Veränderungen

Der Garten hat seit seiner Herstellung noch keine Veränderungen erfahren. Er wird dem Konzept gemäß gepflegt und auch den Erwartungen entsprechend genutzt.

durch den so genannten „Asiatischen Garten" im Osten und den „Mediterranen Garten" in der südexponierten Nordecke.
Grenzen: Die Rhododendren, die den Platz zur Wiese hin abschließen, sind die stärkste definierte Raumgrenze des Gartens. Zwei in die Wiese ragende Heckenrudimente deuten in der Mitte eine Raumgrenze an. Sie sind aufgrund der mächtigen Baumkronen jedoch nicht sehr wirksam. Ein kleiner Wirtschaftsraum ist mit einer Holzplankenwand abgeschirmt.

Beziehung und innere Organisation von Räumen
Raumgliederung: Die Raumgliederung erfolgt im Wesentlichen durch Dichte und Höhenentwicklung der Bepflanzung. Durch die Räume wird der Weg geführt. Im östlichen Bereich versteckt sich ein weiterer Sitzplatz in der Bambusunterpflanzung. Dichtere Randzonen enthalten den Großteil der alten Bäume. Sie

sind unterpflanzt mit bodendeckendem Immergrün oder Frauenmantel.
Raumbezüge: Die Räume beziehen sich aufeinander, indem Durchblicke oder Blickfänger wirksam werden. Sie ergänzen einander in der Gesamtkomposition.

Materialkonzept

Die Wegeoberflächen bilden Splitt und Natursteinbalken, die Pergola ist mit eierschalenfarben lackierten Holzlatten geschlossen.

Pflanzkonzept

Die vorgefundene Bepflanzung wurde wiederverwendet. Durch Umgruppierungen erhielten die Teilräume charakteristische Stimmungen. Der ursprüngliche Baumbestand war gemischt: Eiche, Linde, Spitz- und Berg-Ahorn, Robinien, Pappeln und Kastanien. Neupflanzungen bestehen in erster Linie aus Blühsträuchern,

Gartentyp 5:
Großzügiger innerstädtischer Garten zu einem barocken Bauwerk

Steckbrief

Größe: 5600 m²
Planung: 2004
Baujahr: 2005
Lage: Wien, Österreich
Planung: Barbara Brandstätter,
KoseLička, Landschaftsarchitektur,
Wien

Anforderungen an die Planung

Das Bauwerk wurde als barockes Schlösschen an der Stelle des heutigen Gartentraktes von Adalbert Hild 1780 erbaut. 1872 bis 1873 erfolgte ein Umbau durch Heinrich Ferstel, später kam ein Gartentrakt des Architekten Johannes Staber hinzu. Die historische Gartenanlage war

0 5 10m

NORD

1 Palais
2 Brunnenplatz
3 Wildstaudenfläche
4 Heckenklammern
5 Feldahornhecke

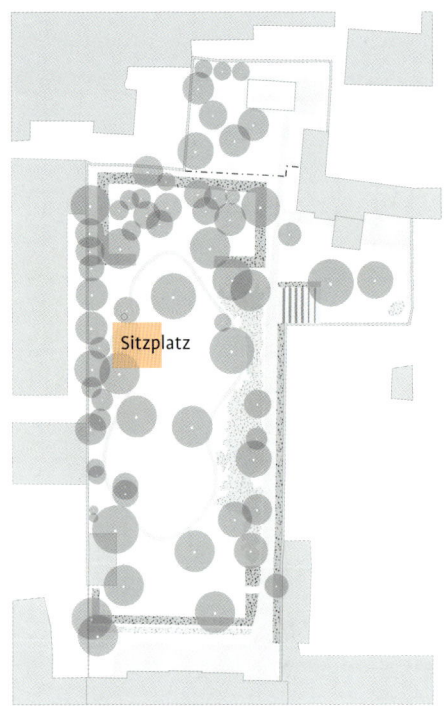

NUTZUNGSKONZEPT
Nutzungsmöglichkeiten

Pflegeansprüche

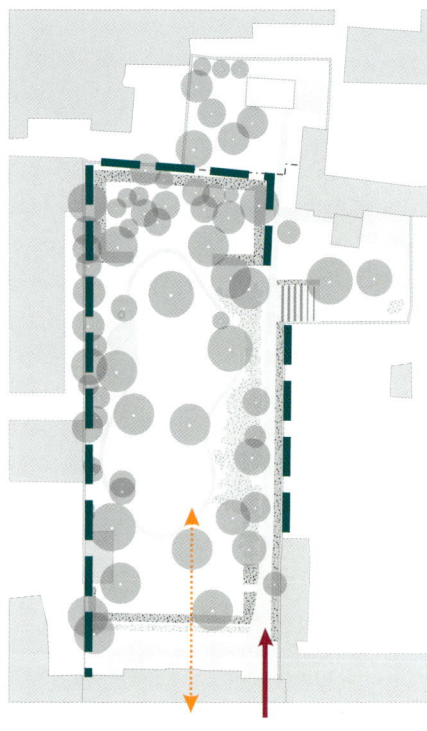

Beziehung mit der Umgebung

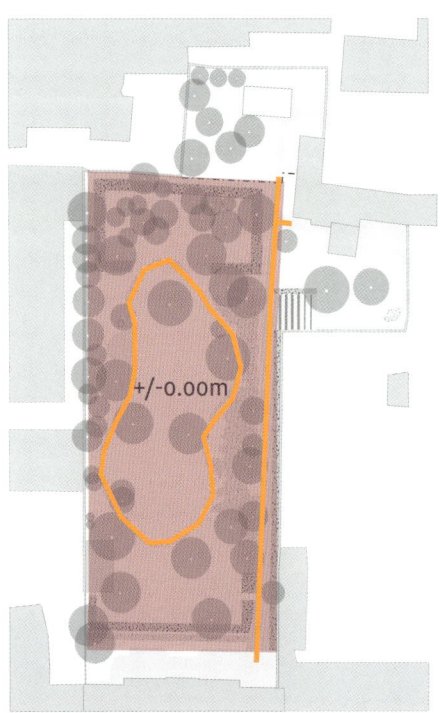

GESTALTUNGSKONZEPT
Topografie und Wege

Grenzen und Sichtbezüge

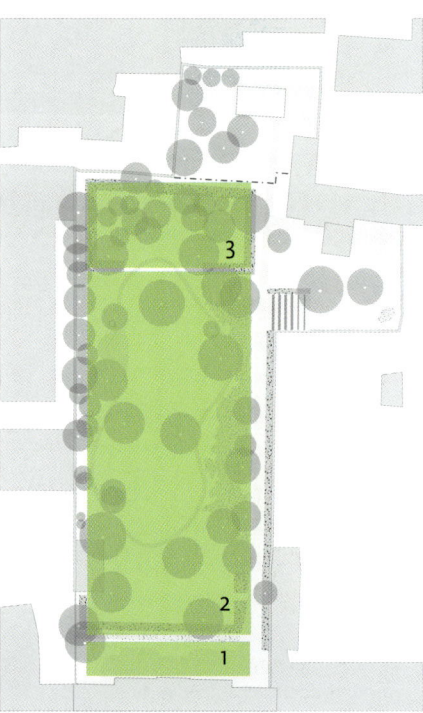

Teilräume

◀ Die Beschreibung der einzelnen Symbole und
Farben finden Sie auf Seite 99.

Gesamtansicht des Gartens

Zentrale Wiesen-
flächen mit wasser-
gebundenem Weg

durch Kriegsschaden zerstört und kaum mehr nachvollziehbar. Viele, teils sehr mächtige Bäume haben den Raum dominiert. Sie waren zur Geltung zu bringen und ein ruhiger, eleganter, mehrfach nutzbarer Raum zu erzeugen.

Nutzungskonzept

Der Garten sollte repräsentativ sein, eine schöne Aussicht aus dem Palais bieten, der Kontemplation dienen und gegebenenfalls für Feste geeignet sein.

Pflege

Die Pflege erfolgt derzeit durch das Hausmeisterpaar. An eine Vergabe an Dritte wird gedacht.

Beziehung zur Umgebung

Ausbildung der Grenzen
Die gesamte Parkfläche ist von Sichtklinkermauern umgeben. Auf den Nachbargrundstücken stehen denkmalgeschützte Gebäude sowie gründerzeitliche Wohnbauten.

Einsehbarkeit, Blickbeziehungen
Durch die Einfassung erhält die Gartenanlage einen introvertierten Charakter, ist jedoch gut einsehbar.

Anbindung und Erschließung
Erreicht wird der Garten nur durch den Durchgang im jetzigen Wohn- und Bürogebäude des Gartentraktes. Dieser ist zugleich auch eine Einfahrt. Der vorgelagerte Platz ist Vorfeld des Büros, das sich im

Erdgeschoss befindet. Die anschließende Grünfläche ist privater Garten und Park für Festivitäten und Empfänge. Durch diesen führt der geschwungene Weg.

Gestaltungskonzept

Organisation und Definition von Räumen
Der Entwurf ist zurückhaltend. Er nimmt auf die Axialität des barocken Gebäudes Bezug, dem ein klar abgegrenzter, gepflasterter Bereich vorgelagert wird. Die 100 m lange Grünfläche wird durch Heckenklammern unterschiedlicher Pflanzenarten klar eingefasst. Dieser zentrale Gartenraum ist offen, wird vom Schattenspiel der Laubdächer belebt und seitlich von Stauden gesäumt. Am geschwungenen Rundweg liegt ein Brun-

nenplatz. Den Abschluss der Zonierung vom Platz über den Rasen zum Rundweg bildet eine waldartige Neupflanzung mit Wildstaudenfläche und eine Hecke aus Feld-Ahorn.

Topografie: Die Anlage liegt in der Ebene und weist auch nach dem Umbau keinerlei Höhenunterschiede auf.

Sichtbezüge: Unterschiedliche Dichten und Pflanzquartiere bilden die Teilräume aus. Eine Sichtbegrenzung ist lediglich zwischen dem Platz und dem Gartenteil vorgesehen.

Beziehung zur Architektur: Aufgrund der vielfachen Überformung und teilweisen Zerstörung des Gartens ist der alte Bezug zum Gebäude nicht rekonstruierbar. Auf die architektonische Mittelachse wird Bezug genommen, die Symmetrie wird aber spielerisch aufgelöst.

Wege: Außer den befahrbaren Flächen ist ein einziger Weg für den Wandelgang im Park ausreichend.

Grenzen: Die Raumteilung innerhalb des Gartens erfolgt ausschließlich durch Vegetationsstrukturen. Die prägnanteste davon ist die Hainbuchenhecke, andere sind subtiler, indem die Höhe der Bepflanzung zur Grenze wird, etwa bei der Blumenwiese.

Beziehung und innere Organisation von Räumen

Raumgliederung: Es wurden verschiedene Teilräume geschaffen: Der Platz vor dem Gebäude, der mittlere Bereich mit Rasen und großen Bäumen wie Linde, Kastanie, Ahorn, Ulme, Robinie und Walnuss. Der Charakter dieser Räume verschwimmt mit zunehmender Entfernung vom Gebäude. Die Strenge des gepflasterten Platzes mit Heckenstrukturen wird über die glatte Rasenfläche bis zur Zone der Verwilderung aufgelöst.

Raumbezüge: Die Räume sind einander gegenüber einsehbar. Der Sitzplatz mit wassergebundener Decke im Hauptteil des Gartens ist zwar zu sehen, jedoch hinter Stauden versteckt und öffnet sich bei Annäherung auf dem Weg.

Materialkonzept

Die Gestaltung des Gartens kommt mit sehr wenig Materialien aus: Sand der wassergebundenen Decke, die mit Stahlband dezent eingefasst ist, außerdem Pflaster auf Vorplatz und Zufahrt.

Pflanzkonzept

Um die großzügige Wirkung zu erhalten, wurden im Spätwinter 2005 stattliche Großbäume (Tulpenbaum, Trompetenbaum, Blauglockenbaum, Schnurbaum) nahe dem Palais gesetzt. Der Bestand wurde als Unterstützung des vorhandenen, gemischten Gesamtbaumrasters durch verschiedene Baumarten ergänzt, vor allem in den Randzonen: Linde, Kastanie, Eiche, Kiefer, Birke. Die Heckenzüge sind dreireihig angelegt. Entlang des befahrbaren Erschließungswegs wurde eine Fliederreihe gesetzt. Unterpflanzungen erfolgten mit Immergrünem Schneeball, Geißblatt, Hartriegel, Hibiskus und Hortensien. Vereinzelt wurden Solitärsträucher gesetzt (Blumen-Hartriegel, Magnolien, Judasbaum, Strauch-Kastanie, Japanischer Ahorn) und die Staudenbereiche mit Frühlingsgeophyten ergänzt.

Detail

Ein alter Granittrog wurde auf dem Sitzplatz plaziert. Er wird von einem freistehenden Chromstahlrohr bewässert.

Veränderungen

Aufgrund des jungen Alters der Anlage wurde noch keine Veränderung durchgeführt. Das Grundgerüst mit den prägenden Großbäumen verträgt allerdings Anpassungen ohne Weiteres.

Gartentyp 6:
Neugestaltung eines
Familiengartens

Steckbrief

Größe: 1.150 m²
Baujahr: 2004
Lage: Tübingen
Planung: Koeber Landschafts-
            architektur

Anforderungen an die Planung

Gefordert war die Kombination zweier unterschiedlicher Teilräume des Grundstücks – der Bereich um ein altes Gartenhaus und die Neugestaltung des Bereichs um den Neubau des Wohnhauses mit zugehöriger Terrasse.

NORD

1   Wohnhaus
2   Gartenhaus
3   Terrasse
4   Bauerngarten
5   Kinderspielzone
6   Beerengarten
7   Parkplatz

1   5   10m

Zugang vom Parkplatz zum Wohnhaus

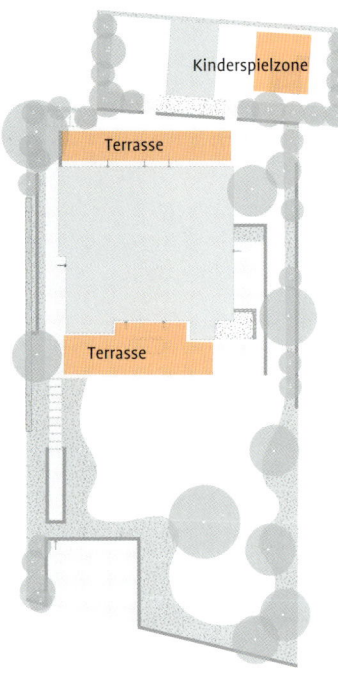

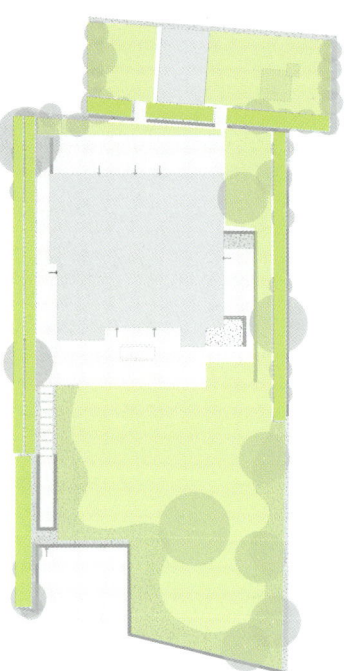

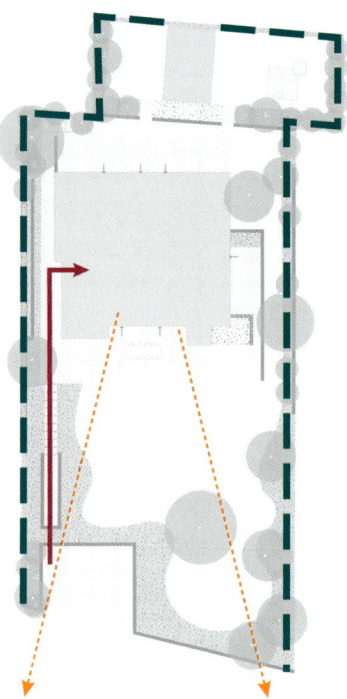

NUTZUNGSKONZEPT
Nutzungsmöglichkeiten

Pflegeansprüche

Bezlehung mit der Umgebung

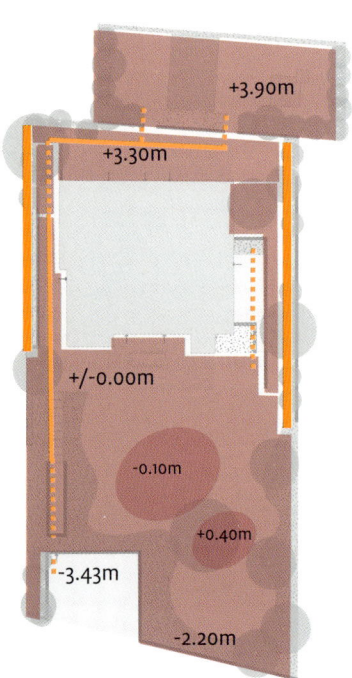

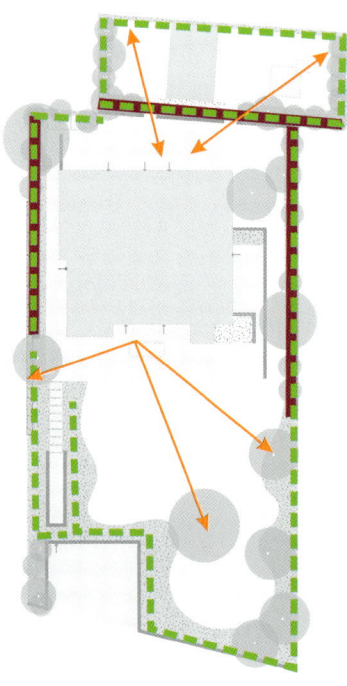

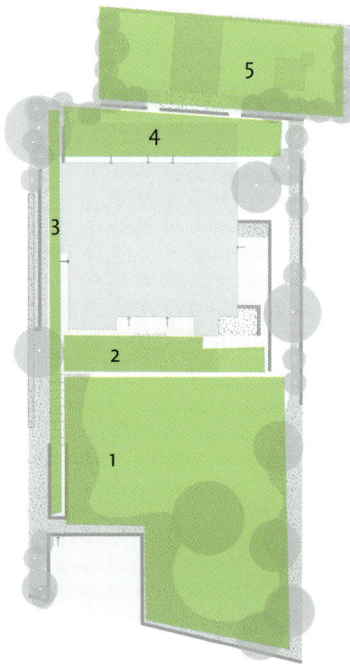

GESTALTUNGSKONZEPT
Topografie und Wege

Grenzen und Sichtbezüge

Teilräume

Nutzungskonzept

Die Terrassen an zwei Seiten des Wohnhauses stellen zu unterschiedlichen Tageszeiten nutzbare Aufenthaltsbereiche dar. Im Bauerngarten befinden sich eine Kinderspielzone, ein Beerengarten zum Naschen sowie eine Pflanzung für Schnittblumen. Die weite, leicht modellierte Wiesenfläche vor dem Neubau kann vielfältig zum Spiel und zur Bewegung genutzt werden.

Pflege

Zu den pflegeintensiveren Bereichen des Gartens zählen die den Eingang begleitenden Staudenpflanzungen sowie ein Beet im Bauerngarten. Die restlichen Pflanzungen und die Wiesenfläche erfordern ein geringeres Maß an Pflege.

Beziehung zur Umgebung

Ausbildung der Grenzen
Der zentrale Wiesenbereich wird durch eine breite, durchgehende Pflanzfläche von der Grundstücksgrenze abgesetzt. In den schmalen Seitenbereichen sorgen Geländesprünge für eine Abgrenzung zu den Nachbarn. Der Bauerngarten wird durch dichte Strauch- und Baumpflanzungen begrenzt.

Blick von der Terrasse auf den staudengesäumten Weg

Einsehbarkeit und Blickbeziehungen
Vom Wohnhaus aus bleibt über die Wiesenfläche der Blick frei in die umgebende Landschaft. Die Einsehbarkeit der Gebäudeseiten wird durch die Niveauunterschiede zu den angrenzenden Grundstücken beschränkt und im Bauerngarten sorgt dichte Bepflanzung für genügend Privatsphäre.

Anbindung und Erschließung
Der einzige Zugang zum Haus und in den Garten erfolgt vom tiefsten Punkt der Parzelle aus über eine ins Gelände versenkte Treppe.

◄ Die Beschreibung der einzelnen Symbole und Farben finden Sie auf Seite 99.

Stützmauer aus Sandstein

Gestaltungskonzept

Organisation und Definition von Räumen

Topografie: Der Garten ist auf drei verschiedenen Ebenen organisiert und die Topographie definiert die einzelnen Teilräume. Die Bereiche werden über Stützmauern getrennt und die Erschließung erfolgt über Treppen.

Sichtbezüge: Vom Wohnraum aus führen weite Sichtbezüge zu den drei Solitärge-

hölzen und weiter in die umliegende Landschaft. An den beiden vertieften Seiten des Hauses schafft die Vegetation auf kurzer Distanz räumlich begrenzte Bilder.

Beziehung zur Architektur: Die Terrassen orientieren sich an den Achsen des Gebäudes und verbinden Haus und Garten. Die fortlaufende Verwendung des Natursteins von der Fassade zum Bodenbelag verbindet auch formal das Wohnhaus mit dem Außenraum.

Wege: Die Erschließung des Hauses verläuft entlang der Grundstücksgrenze ohne Kreuzung anderer Teilräume. Ein Rasenweg verbindet das Wohnhaus mit dem Bauerngarten.

Grenzen: Eine klare Begrenzung der einzelnen Gartenräume erfolgt über Vegetation und Stützmauern, die jedoch Blickbezüge zwischen den einzelnen Bereichen nicht unterbinden.

Beziehung und innere Organisation von Räumen

Raumbezüge: Die einzelnen Teilräume des Gartens überschneiden sich nicht, sondern sind über Niveauunterschiede voneinander getrennt.

Raumteilung: Die weite Rasenfläche vor dem Wohnhaus wird durch die topografische Modulation in einzelne Bereiche unterteilt und somit optisch belebt.

Detailansicht der Staudenpflanzung im Eingangsbereich

Materialkonzept

Für die befestigten Flächen und Stützmauern wird heller Naturstein verwendet. Der französische Kalkstein der Hausfassade wird ebenfalls für die Bodenbeläge verwendet, während die Stützmauern aus 10 cm starken Platten aus heimischem Rhät-Sandstein hergestellt wurden.

Pflanzkonzept

Die in allen Teilbereichen immer wiederkehrenden Leitfarben der Blühpflanzen sind kräftige Rot- und Purpurtöne sowie helles Blaulila.
Gräserband: Sonnenhut (*Echinacea purpurea*), Knöterich (*Polygonum* spec.), Perowskie (*Perovskia atriplicifolia*), Brandkraut (*Phlomis russeliana*), Salbei (*Salvia officinalis*) und verschiedenen Ziergräser.
Schattiger Eingangsbereich: Blattschmuckstauden (Funkien-Arten) und verschiedene Hortensien (*Hydrangea* spec.).
Bauerngarten: Bauerngartenpflanzen wie Fetthenne (*Sedum telephinum*),

Bartnelke (*Dianthus barbatus*), Indianernessel (*Monarda*-Hybriden), Pfingstrosen (*Paeonia*-Hybriden) und Beerensträucher.
Solitärgehölze als Blickfang: Fächer-Ahorn (*Acer palmatum*), Tulpenbaum (*Liriodendron tulipifera*), Blumen-Hartriegel (*Cornus florida*), Mahagoni-Kirsche (*Prunus serrula*).

Veränderungen

Den Autorinnen sind keine Veränderungen der Anlage bekannt. Eine Anpassung der Spielzone an die sich verändernden Ansprüche der Kinder wäre jedoch in Zukunft möglich.

Wissenswertes

Verwendete Literatur

Aben, Rob, de Wit, Saskia: The Enclosed Garden, History and Development of the Hortus Conclusus and a Reintroduction into the Present-day Urban Landscape, 010 publishers, Rotterdam, 1999.

Duden – Deutsches Universalwörterbuch A–Z, 5., überarbeitete Auflage, Dudenverlag Mannheim, Leipzig, Zürich, 2003.

Encke, Fritz: Der Hausgarten, Eugen Diedrichs, Jena, 1907.

Francis, Mark, Hester, Randolph, T. Jr.: The Meaning of Gardens, MIT Press, Cambridge, 1990/99.

Armstrong, Helen: Migrant Gardens, Brisbane, 2005.

Girot, Christophe: Wie eine gestrandete Arche Noah. Im Botanischen Garten in Bordeaux ist auch die Erosion eine Gärtnerin, in du758, In den Gärten, 2005.

Hill, Penelope: Contemporary History of Garden Design, Birkhäuser, Basel 2004.

Hoffmann, Herbert: Haus und Garten, Julius Hoffmann Verlag, Stuttgart, 1941.

Howcroft, Heidi: Trends, Tendenzen, Defizite, Garten+Landschaft 1/2004, S. 28-30, Callwey, München, 2004.

Hunt, John Dixon: Greater Perfections, The practice of Garden Theory, Thames & Hudson, London, 2000.

Jong, Erik de: Hortus Conclusus: the law of the garden, p. 29-37, in: A. Devolder and others (eds), The Public Garden. The Enclosure and Disclosure of the Public Garden, Rotterdam 2002.

Kienast, Dieter: Die Poetik des Gartens, über Chaos und Ordnung in der Landschaftsarchitektur, Professur für Landschaftsarchitektur ETH Zürich (Hrsg.), Birkhäuser Basel/CH., 2002.

Kienast, Dieter: Sehnsucht nach dem Paradies, S. 71-76, Professur für Landschaftsarchitektur ETH Zürich (Hg.), a.a.O., 1990/2002

Leppert, Stefan: Gartenarchitekten als Traumfänger, G+L 1/2004, S. 24-26, Callwey, München, 2004.

Migge, Leberecht: Der soziale Garten, Das grüne Manifest, Gebr. Mann Verlag, Berlin. 1999

Page, Russell: Ich schuf Gärten in aller Welt, Du Mont Buchverlag, Köln, 1992.

Taut, Bruno: Ein Wohnhaus, Frank'sche Verlagshandlung, Stuttgart, 1927.

Vroom, Meto J.: Lexicon of garden and landscape architecture, Birkhäuser, Basel, 2006.

Zybok, Oliver: Zur Aktualität des Idyllischen, Kunstforum, Bd. 179, Februar-April 2006, Ruppichteroth/D., 2006.

Weiterführende Literatur

Allgemein

Kienast, Dieter: Die Poetik des Gartens. Über Chaos und Ordnung in der Landschaftsarchitektur, 2002.

Kienast, Dieter, Vogt, Christian: Gärten, Birkhäuser, Basel, 1997.

Laurie, Michael: An Introduction to Landscape Architecture, Elsevier, New York, 1986.

Weilacher, Udo, Weilacher, Rita: In Gärten, Birkhäuser, Basel, 2005.

Weilacher, Udo: Zwischen Landschaftsarchitektur und Land Art, Birkhäuser, Basel, 1999.

Whiston Spirn, Anne: The Language of Landscape, Yale Univ. Press, New Haven, 1998.

Entwurf

Armstrong, Helen: Gestaltungslehre – Design Theory, Lecture Series 2001/2002, Eigenverlag Universität für Bodenkultur Wien, 2001.

Dannenmaier, Molly: Child's Garden: Enchanting Outdoor Spaces for Children and Parents, Simon and Schuster, New York 1998.

Kandinsky, Wassily, Bill, Max: Punkt und Linie zu Fläche, Beitrag zur Analyse der malerischen Elemente, Benteli, Bern, 2005.

Lauer, David: Design Basics, Holt, Rinehart and Winston, New York, 1985.

Loidl, Hans, Bernard, Stefan: Freiräumen. Entwerfen in der Landschaftsarchitektur, Birkhäuser, Basel, 2003.

Lynch, Kevin, Hack Gary: Site Planning, MIT Press, Cambridge, Mass. 2000.

Wong, Wucius: Principles of Color Design, Van Nostrand Reinhold, New York, 1987.

Gestaltungselemente

Lehr, Richard [Begr.], Beier, Harm-Eckart [Hrsg.]: Taschenbuch für den Garten-, Landschafts- und Sportplatzbau, Ulmer, Stuttgart, 2003.

Niesel, Alfred [Hrsg.]: Bauen mit Grün, Die Bau- und Vegetationstechnik des Landschafts- und Sportplatzbaus, Ulmer, Stuttgart, 2003.

Hansen, Richard, Stahl, Friedrich: Die Stauden und ihre Lebensbereiche in Gärten und Grünanlagen, Ulmer, Stuttgart, 1997.

Auswahl renommierter Planungsbüros

DEUTSCHLAND

Die LandschaftsArchitekten Bittkau-Bartfelder + Ingenieure
Taunusstraße 47
D 65183 Wiesbaden
T +49 611 53173-0
F +49 611 53173-88
info@dielandschaftsarchitekten.de
www.dielandschaftsarchitekten.de

Koeber Landschaftsarchitektur
Ludwigstraße 57
D 70176 Stuttgart
T +49 711 620 54 12
F +49 711 620 54 14
info@koeber-landschaftsarchitektur.de
www.koeber-landschaftsarchitektur.de

Atelier LOIDL
Am Tempelhofer Berg 6
D 10965 Berlin
T +49 30 691 47 85 / +49 30-691 72 80
F +49 30 691 97 30
office@atelier-loidl.de
www.atelier-loidl.de

ÖSTERREICH

Auböck+Kárász
Bernardgasse 21
A 1070 Wien
T +43 1 523 72 20
F +43 1 523 79 67 6
office@auboeck-karasz.at
www. auboeck-karasz.at

Anna Detzlhofer
Lindengasse 56/2/20
A 1070 Wien
T. +43 1 5233212 11
F. +43 1 5233212 22
office@detzlhofer.at
www.detzlhofer.at

KoseLička
Landschaftsarchitektur
Schottenfeldgasse 41–43/30a
A 1070 Wien
T/F +43 1 524 01 63
office@koselicka.at
www.koselicka.at

SCHWEIZ

Raderschall Landschaftsarchitekten AG
Burgstraße 69
CH 8706 Meilen
T +41 44 925 55 00
F +41 44 925 55 01
info@raderschall.ch
www.raderschall.ch

Rotzler Krebs & Partner GMBH
Landschaftsarchitekten BSLA
Lagerplatz 21
CH 8400 Winterthur
T +41 52 269 08 60
F +41 52 269 08 61
info@rkp.ch
www.rkp.ch

Vogt Landschaftsarchitekten
Stampfenbachstraße 57
CH 8006 Zürich
T +41 44 360 54 54
F +41 44 360 54 55
mail@vogt-la.ch
www.vogt-la.ch

Bildquellen

Titelfoto: GAP Photos/Jerry Harpur,
Gestaltung: Ulf Nordfjell
Umschlagrückseite: Koeber Landschafts-
architektur

Atelier Loidl Seite 60 links, 63.
Bittkau-Bartfelder Seite 47, 75, 80 oben,
84 oben.
Braun, Harald Seite 67
Frosch, Verena Seite 14
GAP, J. S. Sira Seite 80 unten
Garden Picture Library, Allan Pollock-
Morris Seite 15
Garden Picture Library, Büro Kloeg/Niels
Kooijman Seite 72

Garden Picture Library, François De Heel
Seite 9, 18, 77
Garden Picture Library, Juliette Wade
Seite 78
Jeschke, Anna Laura Seite 50, 61 links, 70,
73, 74 unten, 79, 84 unten (optional,
bitte anpassen bei Nichtverwendung!),
102 links, 102 rechts, 103 links, 103
rechts, 103 oben.
Koeber Landschaftsarchitektur Seite 24,
32, 45, 135, 137, 138, 139.
Lička, Lilli Seite 10, 11, 12, 13, 19, 20, 34, 36,
51, 54, 56, 62, 66, 69, 76, 132.
Meingassner, Sophie Seite 28, 38, 65, 86,
104, 113, 115, 116, 117 oben, 117 unten, 119
oben, 119 unten, 122, 123 oben, 123 un-
ten, 125, 127, 128, 131.
Planungsbüro Raderschall, Fotograf: Gior-
gio Hoch Seite 48 oben
Planungsbüro Rotzler, Krebs & Partner
Seite 8, 87 unten, 87 oben, 92.
Redeleit, Wolfgang Seite 21 oben, 23, 83.
Reinhard, Hans Seite 6, 26, 43, 48 unten,
49 Mitte, 49 rechts, 59, 74 oben, 93.
Reinhard, Nils Seite 22, 37, 53, 71, 81, 82,
85.
Schneider, Martin Seite 31, 35, 49 links.
Schwager, Christian Seite 16, 107, 110, 111.
Wachsmuth, Karin Seite 21 unten
Walter, Stefan Seite 94, 97, 100, 101 unten,
101 oben.
Wendebourg, Tjards Seite 60, 61 rechts

Die Grafik auf Seite 89 wurde dem Buch
„Farbe in der Gartengestaltung" von Wolfgang Borchardt entnommen. Die Grafiken

(Farb- und Materialleiste) auf den Seiten
52 und 55 stammen von den Autorinnen.
Alle anderen Zeichnungen wurden von
Helmuth Flubacher, Waiblingen, nach
Vorlagen der Autorinnen angefertigt. Die
endgültige Bildauswahl lag in den Hän-
den des Verlags Eugen Ulmer.

Register

Die normal gedruckten Seitenzahlen
verweisen auf Begriffe in Überschriften,
die kursiv gedruckten Zahlen auf Begriffe
im Fließtext, die fett gedruckten Zahlen
beziehen sich auf Begriffe der Bildunter-
schriften von Fotos und Zeichnungen.

Impressum

Die in diesem Buch enthaltenen Empfehlungen und Angaben sind von den Autorinnen mit größter Sorgfalt zusammengestellt und geprüft worden. Eine Garantie für die Richtigkeit der Angaben kann aber nicht gegeben werden. Autorinnen und Verlag übernehmen keinerlei Haftung für Schäden und Unfälle.

Bibliografische Information der Deutschen Nationalbibliothek
Die Deutsche Nationalbibliothek verzeichnet diese Publikation in der Deutschen Nationalbibliografie; detaillierte bibliografische Daten sind im Internet über http://dnb.d-nb.de abrufbar.
Das Werk einschließlich aller seiner Teile ist urheberrechtlich geschützt. Jede Verwertung außerhalb der engen Grenzen des Urheberrechtsgesetzes ist ohne Zustimmung des Verlages unzulässig und strafbar. Das gilt insbesondere für Vervielfältigungen, Übersetzungen, Mikroverfilmungen und die Einspeicherung und Verarbeitung in elektronischen Systemen.

© 2008 Eugen Ulmer KG
Wollgrasweg 41, 70599 Stuttgart-(Hohenheim)
E-Mail: info@ulmer.de
Internet: www.ulmer.de
Lektorat: Karin Wachsmuth
Herstellung: Gabriele Wieczorek
Umschlagentwurf: red-sign, Annette Vogt, Stuttgart
Satz: r&p digitale medien, Leinfelden-Echterdingen
Druck und Bindung: Printer, Trento
Printed in Italy

ISBN 978-3-8001-5173-8